有料更有趣的朝代史

# 战国 3
## 生死较量

君玉离 萧十二 编著

浙江工商大学出版社
ZHEJIANG GONGSHANG UNIVERSITY PRESS
·杭州·

# 图书在版编目（CIP）数据

战国 / 君玉离，萧十二编著 . —杭州：浙江工商大学出版社，2022.9（2024.1 重印）

（有料更有趣的朝代史 / 胡岳雷主编）

ISBN 978-7-5178-4838-7

Ⅰ.①战… Ⅱ.①君…②萧… Ⅲ.①中国历史—战国时代—通俗读物 Ⅳ.① K231.09

中国版本图书馆 CIP 数据核字（2022）第 022894 号

# 战　国
ZHAN GUO

君玉离　萧十二 编著

| | |
|---|---|
| **责任编辑** | 王　耀　张晶晶 |
| **责任校对** | 何小玲 |
| **封面设计** | 吕丽梅 |
| **责任印制** | 包建辉 |
| **出版发行** | 浙江工商大学出版社<br>（杭州市教工路 198 号　邮政编码 310012）<br>（E-mail: zjgsupress@163.com）<br>（网址：http://www.zjgsupress.com）<br>电话：0571-88904980，88831806（传真） |
| **排　版** | 北京东方视点数据技术有限公司 |
| **印　刷** | 唐山富达印务有限公司 |
| **开　本** | 787mm×1092mm　1/32 |
| **印　张** | 28 |
| **字　数** | 576 千 |
| **版印次** | 2022 年 9 月第 1 版　2024 年 1 月第 2 次印刷 |
| **书　号** | ISBN 978-7-5178-4838-7 |
| **定　价** | 198.00 元（全四册） |

**版权所有　侵权必究**

如发现印装质量问题，影响阅读，请和营销与发行中心联系

联系电话　0571-88904970

# 目 录

**第一章 称霸之路，武安君的赫赫战功**
  强秦的野心 _ 003
  齐燕相争，秦国得利 _ 008
  打到郢都去 _ 012
  大秦武安君，一将功成万骨枯 _ 018
  黄河的杀伤力 _ 024

**第二章 魏国失范雎，自掘坟墓**
  打你是为你好 _ 033
  钱能买命 _ 039
  希望就在转角处 _ 043
  一路向西 _ 049
  范雎赴秦 _ 053

**第三章 范雎拜相，秦国基业大定**
  人才是第一生产力 _ 059
  不要小看任何人 _ 065
  用马料请客 _ 071
  暴风雨前的平静 _ 079

## 第四章 争夺上党，秦赵再较量

白起之刃 _ 087

天上掉金山 _ 093

舌头比刀锋更硬 _ 099

## 第五章 相持长平，赵国遭逢梦魇

结束在开始之前 _ 107

对峙三年 _ 111

大势所趋 _ 115

缺点少比优点多更重要 _ 119

百试不爽的反间计 _ 124

点错菜没关系，点错将很可怕 _ 129

集结长平 _ 135

将敌人像蛋糕一样切开 _ 140

## 第六章 长平之战，战国大局斗转星移

长平，长平 _ 149

成者为王，败者寇 _ 156

骨头不好啃 _ 161

要城没有，要命一条 _ 166

围城 _ 172

得罪上司的下场 _ 178

英雄末路 _ 184

## 第七章 赵氏最后的辉煌

廉颇老矣，尚能饭否 _ 191

边关一"牧" _ 199

赵国最后的大将 _ 208

最危险的敌人在身后 _ 215

# 第一章

称霸之路,武安君的赫赫战功

# 强秦的野心

商鞅变法之后的秦国国力日盛,其发展速度远远超过其他东方六国。经济实力和军事实力的增强使秦国的野心愈发膨胀,公元前325年,秦国秦惠文王称王。此时只要有实力的国家,都在这时期先后称王,这说明当时周王室已经衰微,其在各诸侯国间已经彻底丧失了威信。

公元前288年,秦昭襄王在动用武力压制了楚国后,自称是西方大帝(西帝)。其实他的这一举动不过是为了将东方的强国齐国拉到一条船上,所以他在称帝的同时,还派人去齐国请齐王田地为东方大帝(东帝)。这足以说明此时的秦国,已经彻底不将周王室放到眼里。

齐王认为秦国此举是对齐国同等地位的认可,所以他欣然接受了秦王的提议,将整个天下一分为二,但是齐国这样做无疑等于搬起石头砸自己的脚,将自己置于众矢之的的困境中。因为国王的地位已经够高了，改称帝号不但没有任何实质上的利益，还会给其他国家不必要的刺激。最终齐国国王称帝变成了一个闹剧，仅仅两天后，帝号就被取消了。但秦国却依然能够面对其他国家带来的压力，其只需要齐国在东方给予些微的配合，就有一统天下的实力。

从表面来看，虽然没有任何迹象可以说明秦国最终一统天下，是商鞅或者秦孝公蓄意制定的任何长期战略性计划或谋略的结果，但是从秦孝公开始，秦国似乎已经在酝酿一场颠覆六国的计划。秦昭襄王时期，秦国的对外战争总是起起落落，只要秦国打击一个国家，各国合纵的策略就会将秦国打回原形。东方六国似乎都有这种默契，它们从来没有想要灭亡秦国。

秦国的地理位置有着天然的优势，只要突破了函谷关，它就可以驰骋中原，觊觎社稷神器，即使没有进取之心，也可以凭借其四面环山、一夫当关万夫莫开的地理优势，处于不败之地。当然，要图取天下，还需要进一步占据陇西、汉中以及蜀中三地，前面两地可以保证后方的稳固，获取精悍的兵源，后面的蜀中则可以保证战略供给，进而可以从南北两路进取中原。

所以公元前316年，秦国才会从楚国手中，花费巨大的代价将蜀（今四川成都平原地区）的领土握在自己手中，紧接着巴国（今重庆附近地区）的领土也被秦军占领。可以看出，秦国通过对这些地区的占领，不仅实现了秦国的战略意图，也削弱了楚国的国力，楚国在秦国的打击下日益衰落。

为了能够一统天下，秦国的连横外交活动接连不断。事实证明,连横、远交近攻等措施获取的胜利为秦国军队作战奠定了良好的外部环境,使得秦军在沙场征战的过程中,一路所向披靡。而具体实现秦国由内部的政治改革到外部的外交强化之人,就是可称战国名将之首的白起。

魏、韩、楚、齐等国都不屑一顾的边陲小国,在白起指挥下的南征北战中将杀气一点点弥散开来。东方列国对秦国的势力逐渐感到不安,时刻感受着利剑在头的威胁。

为了对抗秦国的铁骑,各诸侯国也加紧了军队的训练。这个时期涌现出一大批名将,在这些名将的指挥参与下,许多著名战役名流史册。看《史记》中的记载,战国末期最引人注目的事件,便是许多大规模的征战。就在公元前364至前234年的130余年间,秦国参与或者主导了至少15次大的战役,单单秦军给其作战的军队造成的伤亡总数就多达150万人左右。秦国主导的15次战争中有14次其都给对方造成了至少2万人的伤亡,其中10万人以上伤亡的战役有4次。发生在公元前260年秦国对赵国的长平之役,仅仅在5个多月的时间内,赵国军队的伤亡数字就高达5万人。战争的结局是白起出奇兵,战胜了只会纸上谈兵的赵括,赵军40万军队投降,白起"乃挟诈而尽坑杀之",赵军最终得以归故乡的人,只有区区240人。

当然,有些学者对以上数字并不信任,原因是:

第一,他们认为,这些数据都是《史记》给出的,只有其他六国的伤亡数,却没有付出巨大伤亡的秦国的数据。

第二,《史记》只是简单地介绍了15次比较著名的战役,从战国的"战"字中，就应该知晓，赵国末期步入了争夺天下的关键时刻，各个诸侯国之间肯定是摩擦不断。如果将那些不知名的战斗也载入史册，则意味着秦国及其他诸侯国同样要遭受的伤亡数，包括被俘、受伤以及被杀的人，一定远远高于现在历史所见到的。

第三，体现在用词上，当时所用的标准字眼为"斩"（此字的用法可追溯到商鞅时代），长平之战为"坑"，前者是指在战斗中杀人，后者则是指没有道义的、活埋的形式杀人。可想而知，还有更多的杀人方式所产生的死亡数据是没有记在案的。

第四，则是很多学者将秦国对其他诸侯国的战争和近代或现代战争相比。如发生在1812年的拿破仑出征俄国之役，在6个月的时间内，损失了30万人马。乍一看，这与5个或6个月的长平之役相比大体相似（包括最后的坑杀），因为当时的法国（其实不仅包括法国，更多的是囊括了法国占领的广大的欧洲地区）的人口，要远比战国时期的秦国或者赵国的人口多。

因而一些学者最终得出结论：在字面意义上，秦国在对于其他诸侯国的战争中，所造成的伤亡数字是不可信的，要么过大，要么过小。如在长平之战中，秦国最终坑杀了赵国将士40万，对于当时的技术条件而言，要在短暂的时期内完成，可能性不大。即使赵军在战争结束以前，由于孤军深入、远离后方而断了粮草，也不会甘心就范。赵国经历了长平之战，还是继续招募军队，防备秦国的入侵，一切都显得井井有条。这是不可思议的，因为对于一个损失了几乎半数以上青壮年男子的国家而言，经济上应该很难维持,政治上也很可能崩溃,而不是历史所记载的那样,赵国人同仇敌忾,对秦国人仇恨无比。

但是今天学者们很难从现存的史料中得出让人更加信服的答案。最终他们给出的结论是:"万"字只是一种象征性的意义。因为纵观所有关于战国的史册,其军事记载中(在非军事的记载中也能见到)屡屡说及的,不是数百、数千或者数十的伤亡,更多的是"万",因而它如"三"等于"众"一样,变成了一个概数——"大部队"。

历史的真相,要完全地还原已经不可能。无论这些数据是否翔实,有一点无可辩驳,即秦国已经从开始的争夺土地向消灭敌人的有生力量转化。昔日为六国所不屑的边陲小国,已经在蓄势待发了。

在秦国军事力量增强的过程中,白起的作用不可忽视,战争中因白起而死的青壮年,粗略估计不下百万。白起是一个职业化的军人,在他的眼中,只有杀与被杀两种选择;在他的思想意识里,只有功名大业、为国杀敌一种道路。他不谙政治,不懂外交,不屑于法家、纵横家的绕弯子,他只会进行直截了当的实际行动,在战场上奋勇杀敌。

唐代曹松在《己亥岁二首》其一中有这样的描述:"泽国江山入战图,生民何计乐樵苏。凭君莫话封侯事,一将功成万骨枯。"白起正是提着无数鲜血淋漓的头颅,望着渐渐淹没在岁月风尘中的白骨,从一个普通士兵,一步步地往上攀爬,最终成为一个无敌于天下的秦军统帅。

历史最终给予他的评价是——人屠。

## 齐燕相争,秦国得利

公元前292年,趁着魏军刚刚经历大挫,元气大伤,白起率兵大举攻魏,魏国还没能从战争的创伤中恢复过来,只能眼见着秦军一口气攻下魏国蒲阪(今山西永济县蒲州镇)等大小城池61座。

公元前291年,白起一鼓作气,攻取了魏国的垣地(今山西垣曲东南)。紧接着,在各国联合攻击楚国时,白起趁火打劫,攻取了楚国的宛地。

公元前290年,司马错升任左更,地位已比不上白起,但他对于白起心服口服。在白起的派遣下,司马错率军攻取了魏国的轵地(今河南济源东南),同时趁着韩国国力大损的机会,攻取了韩国的邓地(今河南孟县西)。

通过这三年的时间,可以看出秦国发生了巨大的变化。

第一,秦的国力大增,韩、魏两国则不断衰弱,此消彼长之下，秦国将打击对象主要放在了这两个国家上。

第二，秦国内部权力发生变动，虽然白起成为了秦国的最高军事统帅，显得魏冉和宣太后的势力有很大的加强，但是实际上，白起的一系列赐封，都是拜秦王所赐，在他的心里，秦王已经成了他的主子。

第三，秦国的战略方向处于一个变更期，从一城一地的争夺，到消灭敌人有生力量，顺便攻取城池而转变。

自此，东方六国将领之中，能够敢于直接和白起匹敌者，实在是屈指可数。韩国和魏国国君眼见秦国如日中天，如此下去必将招致亡国之祸。于是他们相约和秦国签订屈辱条约，韩割让武遂（今山西垣曲东南黄河以北地区）二百里地给秦，魏亦不弱人后，也割让河东（今山西东南部）四百里地给秦。这一年，是公元前290年。

至此，魏国吴起在世之时，千辛万苦才攻下的河西之地尽归秦人之手，竟然连祖上的基业——河东之地也割据给了秦国。此外，连一向趾高气扬的楚国，也在公元前285年和秦国议和。当然，这之中更多的是张仪的功劳，但是如果没有白起在战场上面给予秦国的底气，张仪再怎么巧舌如簧，也只能是无功而返。

自此，秦国三边边境已定，东方六国之中，只有齐国和赵国还能与秦国相匹敌。这时，白起将对付东方魏国、韩国和楚国的任务交给司马错，他自己则主要负责对付当时东方最为强大的对手赵国。当年赵武灵王孤身入秦是何等的英雄豪杰，只可惜后来因为内乱，赵武灵王英年早逝。赵国自此落后于秦国，后来又屈居在齐国之下。在综合国力上赵国虽比不上很多国家，但是要论及到军事实力，赵国对于东方六国而言，无疑是首屈一指的。

白起不负众望，他从西北回来之后，率领精兵强将，自公元前282年起，三次率军攻入赵国境内，连拔蔺、祁、石及光狼等城，赵国骑兵被斩首两万，损失惨重。眼看秦国和赵国即将发生最后的决战。赵惠文王决定，与其和秦军打得死去活来，不如向秦国求和，再去攻打楚国、魏国或者韩国。然而秦国此时又怎么会甘心放过赵国呢？

正所谓人算不如天算，秦军在白起的带领下准备血洗赵国时，楚国那边发难了。楚顷襄王为了给父亲楚怀王报仇雪恨，在公元前281年，趁着秦、赵胶着，白起无法抽身之际，派遣使臣合纵齐、韩等国，欲要联合攻击秦国。

楚顷襄王可谓初生牛犊不怕虎，他并不了解秦国的真正实力，就在他准备攻击秦军的同时，秦昭襄王早就提前动手了。因为司马错对蜀中甚为了解，所以这一次攻击楚国的任务，由司马错担当重任。他从陇西发兵，在巴、蜀地区又补充兵力10万，近万艘大船，600多万斛米，顺江而下，将楚国的大后方黔中郡一举攻下。当时白起正在关东地区对楚国北部地区构成极大的威胁。其他各国见楚国大势已去，纷纷与楚解除同盟关系。

攻克黔中后，司马错兵分两路大军：一路军从巴郡东出巫峡去攻打鄢西，另一路大军由武关向东出发，攻取楚国的汉北及上庸地区，进入桐柏山。两路大军将楚国包围起来。楚王得知秦攻楚的消息后，十分震惊，急忙从都城集合数十万大军，连夜赶往鄢（楚国陪都，今湖北宜城东南），以防备秦国的进攻。

司马错采取了迂回战术，数十万士兵在他的带领下，翻山越岭，穿过今岷山山脉、摩天岭山脉、云贵高原等三大地区，又经过陇西到达巴蜀再到云贵然后再拐到湖北地区，行军路上山高水急，猛兽出没，可谓历尽艰难险阻。能够做到如此大规模的战略迂回，实在令人惊叹。秦军在楚军大后方突然出现时，楚军顿时乱了手脚。

此时的白起也被秦昭襄王授以重任，因为秦王知道楚国虽然看起来很弱，但随便凑上数十万军马，还是不在话下的。秦王的另一个战略是和赵国讲和，只有这样，才能够免除秦军的后顾之忧，这便有了前面述及到的渑池之会。赵国别无他法，只能暂时和秦国联合。

# 打到郢都去

当时的楚军号称带甲百万,单兵素质很高。楚国地处南方,而南方地形复杂、气候恶劣,锻造出了一大批精兵悍将。如果不用计策,秦军和楚军在正面战场上一对一的掩杀,则很难说最终的胜负几何。所以秦昭襄王对于此战也心存忧虑,尽管坐镇中军的是号称百战百胜的战神白起。白起即将出征之前,秦昭襄王便向他问道,要彻底地大败楚军,需要多少秦军精锐。

按照秦昭襄王的想法,杀敌一千会自损八百,此战起码有数十万以上的秦军就此埋骨他乡。谁料白起竟说只要7万兵马,这多少让秦昭襄王有些怀疑。

但白起既然说出此言,一定已经胸有成竹。历史证明了他近乎狂妄自大的那句话——7万足矣,并没有半点虚言。因为白起认为:"楚人之俗,轻剽颛急,战时勇于攻取而拙于守御,只需学昔日之伍子胥,选精取锐,长驱直入,数战则可破郢矣。"

秦昭襄王闻言，不禁拍案叫绝。这自然是出于对白起的信任，如果一般的军中大将如此妄言，秦昭襄王必定会对其嗤之以鼻。于是秦昭襄王将白起派遣到了上庸（今湖北竹溪东南），代替司马错指挥秦军。白起照与秦昭襄王的约定，选取7万习惯在山水之间作战的精壮之士，由白起亲自率领，顺汉水而南下，直接出其不意地深入楚国腹地。白起计划先夺取楚陪都鄢，之后再夺楚都郢，此谋略称之为"置之死地而后生"。白起善于出动奇兵，看似将自身置于数十万楚国军队的包围圈内，实则是千里跃进敌人的心腹地区，以最小的力量，给予敌人以最沉重的打击。

历史总是这样的巧合，秦国攻击楚国这一战，和后来实践"亡秦必楚"的项羽的战略竟然如出一辙。白起此行不带任何粮草辎重，一路以战养战、因粮于敌，掠取汉水流域丰饶的粮草补给军需，让秦军既无"三军未动粮草先行"的担忧，也减少了这一方面巨大的支出和带给军队的疲乏。此外，白起还在楚国境内大搞政治攻势，用田宅、免除赋税等种种优惠政策来诱惑楚人，如此一来，楚人自然乐意为秦军所用。如此秦军就又多了一个灵活性很强的同盟，可帮助军队运输粮食。

行军路上，白起命令秦军，一旦过河，便拆桥毁船，自断归路，示以死战之心，让秦军背水一战。这一方法往往是战争中以少战多时采取的策略。少对多时，破釜沉舟之计策，不仅可以激励己方将士的必死决心，同时也让敌军看到了己方军队强大的威慑力。

楚军便因此深受震慑，虽然人数众多，却抵挡不住秦军的进攻，遂节节败退，兵败如山。秦军长驱直入，迅速攻取汉水流域要地邓（今湖北襄樊北）及附近几座城池，直抵鄢都城下（今宜城东南）。一时之间，那里便成为一个楚国倾国之兵和秦国白起的7万兵马的决战场地。

白起在一开始就比别人看得远，他之所以直接将秦军7万人马瞬间移动到鄢，就是因为他看中了鄢的独特的政治地位和关键的地理位置。

楚国的别都，历来鄢郢连称。它离楚都郢也就二百里地，历来为楚国的第二政治经济中心，同时也是拱卫郢都的北大门，因而此地万万不能有失。如果鄢落入秦军之手，则楚国最后守土抗战的军心将会土崩瓦解，楚国就会面临亡国的危险。

当时楚顷襄王也看出了秦军的战略意图，他自然清楚楚军原先制订的围歼白起大军的计划早已经不胫而走，或许白起早就看出了楚军的意图，可是他明知山有虎，偏向虎山行。为了保护国都，楚顷襄王只好采取最保守的战法，命令汉水流域各战线所有楚军回援鄢都，不惜一切代价将秦军扼在此地，只要楚军能够坚守十天半个月，而楚人楚地不给秦军供给粮草，不让秦军的援军到来，楚军自然就会"不战而屈人之兵"。

与此同时，楚人还在原来高大城池的基础上加高加厚，并且布置了许多的强弓硬弩。孙子谈及用兵之法之时说道："十则围之，五则攻之，倍则分之，敌则能战之，少则能逃之，不若则能避之。故小敌之坚，大敌之擒也。"楚军有数十万，而秦军只要区区7万，逃跑躲避是不可能的，诱敌决战也有很大的风险。

秦军要做到的是如何能够在夺取城池的同时,还能以最小的代价造成敌人最大的伤亡。眼看时间一天天过去,白起如果再想不出必胜的策略,到时候即使秦军想撤出,楚军也断然不会答应了。

越是关键时刻,越是考量为将者随机应变能力的时刻。这时白起认为,必须要坚持:"非利不动,非得不用,非危不战。主不可以怒而兴师,将不可以愠而攻战的策略,以待时变再趁势出击。"但秦军的军心已经开始浮动,所以当务之急是稳定军心,军中的白起一直谈笑自若,这成功地让秦军觉得即使天塌下来,最终的胜利都会属于自己。

白起的做事风格就是,既然一时之间,想不出万全之策,何不放松一下,也顺势给军队鼓舞一下士气。

这正应了那句"不管风吹浪打,胜似闲庭信步",白起就这样走进了汉江,一跃跳进了江中——游泳。此次游泳给白起带来了灵感,水既轻柔,瞬息之间又可以化作滔天大浪,成为杀人的利器。兵法云:以火佐攻者明,以水佐攻者强。水可以绝,不可以夺。白起决定,动用水攻,来解决眼下的难题。

翌日,深受启发的白起急忙将这一计告诉了手下的几个心腹干将,让他们派出了一支几千人的部队在离鄢都西北约百里的蛮河武镇筑坝拦河,同时还在这条汉江支流东西向秘密修筑一条百里长渠。此计策成败的关键,就是出其不意掩其不备,因而保密工作一定要做好。

一切都在楚军浑然不觉之间完成,只要白起一声令下,就可以挖开河坝，江水之力，自然远非人力可以抵抗，到时候楚军数十万兵马就会被秦军兵不血刃地抹杀。观察到楚军并没有任何发现的迹象之后，白起决定动手。

这几日，楚军正在奇怪秦军为何还不撤退。趁此时机他们厉兵秣马，只要秦军一撤退，楚军数十万军马便会倾巢而出，将秦军杀个片甲不留。

楚军仍然认为只要坚守不出，秦军就一定想不到任何办法。夜幕降临，守城的士兵点起了火把，如一条长龙般，守护着这座城池。然而，他们不知道大祸将至，只听见城西一声惊天动地的巨响，刹那间，地动山摇，轰隆隆的声音由远及近，仿佛地底传来的恶鬼惨号。河水是从城西进来的，不知有多少人就这样在睡梦中远赴黄泉。

第三日，再看鄢都已经变成了一个汪洋泽国，处于云水之间。数十万楚军，还有城中不计其数的平民百姓，就这么被滚滚洪魔瞬间拉入了无边地狱。有人说，白起就是上天给战国那个变乱的时期降下的一个警钟，让那些坚信无义战的国家饱受家破人亡之苦。只可惜他降错了国家，成为了秦国的将领，而秦国正是当时最无义的国家。

也有人说，是白起的到来才加速了战国的结束。因为在有限的土地上，会降生无限的人，只要有人的地方，就会有争斗。因此，白起才以"人屠"的身份，消灭一切不安分的力量。

值得一提的是，当初白起为了剿灭楚军所造的沟渠，至今仍然为当地人所使用。

但是楚国那些失去了孩子的父母，失去了丈夫的妻子，失去了父亲的儿女，都会从此铭记一个名字——白起。也正是因为白起此时的作为，才在江东父老心中，种下了一颗种子，乃至流传着这样的说法："亡秦必楚。"

而此时此刻，即使他们想寝其皮啖其肉也只能望洋兴叹。他们也曾想了很多种办法去复仇，只要白起骄兵一成，顺势南下，则楚人便会不顾一切地前去杀了白起。可是白起不是一个没有头脑的人，自然知晓"穷寇莫追"的道理。在破鄢一役取得决定性胜利之后，白起并没有冒进，而是停下来休整部队，补充兵员和军资，同时将秦之罪人刑徒迁徙到刚得来的楚地，以充实秦军的后方，通过以战养战的方略，使其成为秦军进一步攻楚的基地。

白起最终还是南下了，只是他没有给予楚人任何机会，他带去的只有屠刀和征服。白起大军很快就攻陷了郢都北面最后一个桥头堡安陆，楚兵四散，楚顷襄王还没有从去年的大败中缓过劲来，就置身在白起的屠刀之下。

为了免除灭国身死的厄运，楚顷襄王不复当日的雄心壮志，当机立断抛弃了郢都，将国都迁到楚东北的陈，是为"陈郢"（即原来的陈国，今河南淮阳）。

秦国终于得到了郢都，这个楚国第一大都市，也是当时中国最大的手工业中心。战后秦国的势力，已经进一步得到加强。一个世纪之前，这里还是吴国人的属地，后来在秦国的帮助下，楚国人夺了回来，并使得楚国一度强大无比。只可惜今非昔比，楚人在经历了楚怀王之乱以后，便注定了沦落败亡的结局。

## 大秦武安君,一将功成万骨枯

白起用水攻,将楚军的精锐打击殆尽,此后一年的时间内,更是所向披靡,楚国再也找不出可以抵挡一时的军队出来,因而连其都城郢都也落入了白起军队的手中。

见楚顷襄王落荒而逃,秦昭襄王则兴奋不已,他们有料到,白起竟然再一次给予了秦军战争历史的一个奇迹。如同当初宣太后捧秦王上台一样,这一次他们都齐心协力,尽可能地给予白起以帮助,并且还下了一道谕旨,让白起乘胜追击,扩大战果。

于是,白起在攻破楚国都城之后,分兵三路向楚国的其他地方进军。第一路向南攻到了洞庭乃止;第二路向西攻到了夷陵(今湖北宜昌东南);第三路向东攻到了竟陵乃罢。短短数月时间,楚都周围数百里辽阔富庶的土地尽归秦有,秦国的实力得以再一次增强。为了彻底地控制被占领区,秦昭襄王下令,在这些地区设置南郡，其治所就是曾数百年为楚都的江南第一大都会——郢都，楚国似乎就这样灭亡了。

但是当时的人们都相信，他们只要有共同的祖先，就能在其精神的维系下，不断地凝聚起来。而楚人的祖先，就葬在秦国西路军所占领的夷陵地区。白起认为只有彻底地将楚人的精神绞杀，楚国才不会死灰复燃。但是秦国当时的掌权者是宣太后，宣太后乃楚国的贵族，如果白起毁了夷陵，不就是间接地掘了宣太后的祖坟吗？

其实，倒是白起多虑了，他只知道宣太后是个楚国人，却不了解宣太后早就一心向秦，在秦国彻底安家落户了。昔日她为了秦国后方稳固，可以出卖色相引诱义渠王，今日为了秦国的强盛，应该亦不会在乎区区几座坟墓。

于是在宣太后的一声令下，白起放了一把火，夷陵就此成为历史的回忆，留下的只是些微的断壁残垣。

白起在烧毁夷陵的同时，也不禁心底发颤，幸好自己是宣太后的盟友而不是敌人。论打仗，宣太后不如他白起，但是论到玩弄政治权术，白起全然不是宣太后的对手。

白起以为，此后楚人再也提不起任何斗志，只能沦为秦国的附庸。岂料物极必反，他用一江大水，将楚国35万生命席卷吞没，楚人已经对其十分怨愤；他又用一把大火，将楚国的宗庙毁于一旦，国仇家恨，不共戴天。所以全体楚人在这一刻立下重誓：楚虽三人，亡秦必楚。

正所谓东边日出西边雨，几家欢喜几家愁，就在楚国一片愁云惨淡,对白起恨入骨髓之时,秦国那些渴望建功立业的人,则对白起敬若神明。

秦昭襄王等待的机会终于来了,论起功劳之大,整个秦国除了白起不作第二人想。从很多场合中都可以看出,白起对于秦昭襄王很是忠心。秦王认为只要大肆封赏白起,就可以达成一石三鸟的效果:一来,可以获取白起的更大忠心;二来,可以让一些崇尚白起的人,感叹秦昭襄王的明智,受其鼓舞,进而更加效忠秦国,奋勇杀敌;三来,可以将计就计,在培植自己势力的同时,也可以暂时缓和与宣太后集团的关系,维持秦国内部的稳定。

于是秦昭襄王金口一开,颁布了一道谕旨,封白起为武安君,取"以武安民"之意。白起,这个曾经秦国最底层的士兵,终于站在了秦国的巅峰位置。

一将功成万骨枯,白起终于踏着无数人的尸体,走上了人生的巅峰。恰如《庄子·胠箧》中所书:"彼窃钩者诛,窃国者为诸侯;诸侯之门而仁义存焉。"

尽管北边有赵国在虎视眈眈,但是白起依然我行我素,无所顾忌地攻伐着楚国的土地。公元前 277 年,秦国武安君白起趁着楚军元气大伤之际,再次大举攻楚,西克巫(今四川巫山北),南平黔中。秦遂以巫地为巫郡,黔中地为黔中郡。至此,占楚几乎一半国土的江汉湘黔之地尽归秦有,楚国继前面丧师失地之后,再一次陷入危险的境地。

就在楚国人人自危之时,白起竟然不再行动了。白起认为楚国之地，只可以占据秦国触手可及的地方，而不可以妄自奔袭千里，徐图将整个楚国纳入版图。因为楚国国界太广了，如果战线拉得太长，以秦国有限的兵力，最终即使征服了楚国，必定会让三晋之地的其他国家有可乘之机。

为了免除后顾之忧，秦国决定，要先对三晋之地中的实力最强者——赵国出手。

而在此之前，秦国还需要在外交上配合一下白起。因为两年以前，秦国就和赵国在渑池之会上结盟，秦王根本没有料到，白起会这么快就将楚国打成这样，如果秦国就此和赵国翻脸，必然会显得秦国太过不讲信义。除此之外，赵国一贯坚持的策略是"南守北攻"，从来不轻易和中原国家交兵，秦国既想要打击赵国，又想要赵国率先出击，的确是个两难的问题。

宣太后认为，与其直接面对赵国，不如从第三方着手。自韩、赵、魏三家分晋以来，他们三个国家总是宣传依然是一个整体。事实上三个国家的地理位置特殊，确实是唇齿相依的关系。于是秦国决定，先出兵魏国，到时候赵国只要掺和进来，秦国就有了对付赵国的理由。

公元前276年，秦武安君白起率兵10万伐魏，拔二城，秦国和魏国的交锋正式开始。魏国自然不会料到，它不过是因为"城门失火殃及池鱼"，才接二连三被秦国攻打。公元前275年，穰侯魏冉又亲率大军攻魏，一直打到魏都大梁。这时候，赵国依然没有行动，只是派遣使者前去韩国，最终说服韩派大将暴鸢来救，可惜依然被秦军击败，4万多将士魂断魏国。

魏安釐王再一次演上了他的拿手好戏：以土地换和平，献上温地（今河南温县西南）8座城池求和，魏冉退兵。当然，从古至今有一个很浅显的道理，就是以屈辱换来的和平，必将是短暂的。果然，公元前274年，秦国准备再一次进攻魏国，因为前面两次的进攻，获取了很多实在的好处。但赵国依然没有任何行动。岂料韩国竟然联合齐国，为了前面丢失的城池和土地，向秦国大举进攻。魏国再次战败，丧师失地自不用提。

其实，赵国一直在观察着魏国和秦国交战的局势，也深深地为魏国屡战屡败而担忧。当然，这种担忧的深层次意义，是在担忧一旦魏国被打得爬不起来，到时候秦国就要对赵国动手了。与其坐等成败，不如火速驰援魏国，来个先下手为强。

只是和秦国一样，赵国也需要一个出兵魏国的理由，换句话说是需要一些实在的好处，才可以让赵国甘心出兵。魏王在经历了战败之后，派遣使者来到了赵国，承认赵国三晋之地的最高地位。魏国的目的是将赵国推向三晋之地的头把交椅后，若以后秦国入侵，赵国要身先士卒地前去抵抗。然而，就在此之前，迫于秦国的强势，韩国已经成为了秦国的附庸，在秦国东征西讨之时，为其呐喊助威。

韩国乃三晋之一，倘若韩国成为秦国的势力，那三晋之地就会变得支离破碎，势单力薄，对付强秦的难度就会增加。于是，赵国和魏国商议，攘外必先安内，要抵抗强秦，就必须先打击韩国,让韩国转而投向赵国。

赵惠文王所采取的方式很直接:命令军队和魏军联合,前去攻打韩国。可惜韩国似乎铁了心跟随秦国,就在赵魏联军即将压境之时,韩国派遣使者,星夜兼程赶到秦国处求救。

## 黄河的杀伤力

被韩国派出去,请求秦国救援的使者的名字叫陈筮。

陈筮,战国时期韩国人,生卒年不详。历经韩国的三个君王,可谓三朝元老,然而他依旧是个小官,在韩国相国门下做事,略有才能,为韩国相国所知。

在赵国和魏国联手进攻韩国时,韩王便向臣下咨询,该派遣谁去向秦国求援。于是,韩相国想到了陈筮。韩王对相国十分信任,便委托他全权代理此事。

听闻陈筮抱病多时,韩国的相国连忙来到陈筮处,对陈筮言道:"世事艰难,国家危急,小病不足虑,希望你能够为了国家大事计,到秦国走一趟。"(《史记·韩世家》)

陈筮闻言,知道自己的机会终于来了。既然相国能够亲自来到府上请他,那就代表整个韩国都对这件事情很重视。所以陈筮欣然答应,并向相国保证,不成功说服秦国,誓不还乡。当时人人都畏惧秦国，谈秦色变。陈筮这一次出使秦国，实在是任重而道远。

陈筮来到秦国后，直接前去拜见秦国当前的掌权者——穰侯魏冉。魏冉知道，赵国要出击了，但是为了攫取最大化的利益，宣太后等人还是认为，应当从韩国获取一些好处。于是，魏冉胸有成竹地说道："韩国的事情应该很危急，不然何以会特地派您来呢？"陈筮说："此言差矣，韩国没有任何危急之处。"魏冉没有料到，这名不见经传的一个人，来向强大秦国求援，竟然敢如此傲慢，遂生气地说道："您这样没有诚意，如何为你的国君做使者呢？众所周知，你们韩国的官员为了向秦国求援，可谓车马不绝于道。他们都向敝国报告，韩国遭到魏国和赵国联军的入侵，情况危急。您来了却说不危急，这又作何解释呢？"

陈筮闻言，不慌不忙地说道："韩国危急了，就不会前来找秦国帮忙，而会改变立场投靠其他国家。"陈筮这句话的用意很明显，因为韩国的情况不那么危急，所以他才能够来这里了，否则早就向魏国和赵国投降了。秦国最害怕的就是三晋真正地合为一体，到时候互相呼应、铁板一块，秦国再想图取这些地方，就难比登天了。魏冉自然知道其中深浅，见陈筮如此说辞，忙将面色一缓，急忙说道："秦王的面你不用见了，秦国这就发兵援救韩国。"

此次陈筮到秦国求援，虽历时不长，却足见其出众的外交才华，竟然连一向老奸巨猾的魏冉也受了他的激将法。魏冉问陈筮韩国的形势是否危急,自然是别有用心。然而陈筮的回答更是出人意料,这不禁让魏冉感到奇怪,便想一探究竟。陈筮趁机指出当前的形势:韩国的形势之所以不危急,是因为韩国会在危急时刻改变立场投靠赵国或者其他国家,这样便可以顺理成章地化解危机。其实,魏冉之所以答应韩国,固然有害怕失去韩国这样一个盟友的成分,但是更多的则是秦国早就谋定而后动的战略——引诱赵国出战,为秦军打击赵国找到理由。

然而,秦国上下都知道,赵国可是块硬骨头,名将赵奢、廉颇,胡服骑射之后的赵国铁骑,可都不是易于之辈。此次作战如果魏冉出战,秦军也许只有五成的胜算,而如果是白起领军,则无论是在谋略上还是在士气上,秦军都会上一个台阶,胜算就会高出许多。

此战是白起蓄谋已久的一战,为了能够彻底地打败赵国,他一直在研习兵法,苦练士兵。在出战之前,秦国的四个掌权者:魏冉、宣太后、秦昭襄王和白起,对魏国和赵国联军的战略意图分析得一清二楚:让韩国背弃秦国,投降赵国,这也是陈筮的意思。

俗话说,救人如救火,既然决定了派遣白起前去援救,那么速度就成了援救的最大问题。如果去晚了,则韩国势必会降了赵国。虽然三晋之地的统治者们各怀雄心,但是其中的平民百姓却有着共同的根基,很容易结成同一力量。

"兵贵神速"的道理人人都懂,但真正到了行军打仗之时,这速度二字就非易事了。当时赵魏十几万大军已经攻破了韩国的军事重镇华阳（今河南郑州市南），离韩国的都城郑（今河南新郑）不到百里之遥。白起所部在咸阳，离华阳还有千余公里的山路，崎岖难走不说，而且还恰逢雨天。于是白起再次拿出了其看家本领：命令部队脱去上衣，只带着盔甲一路急行军。10万人马只用了8天时间，便神兵天降般地直奔到华阳前线。

而另一边的魏国和赵国的联军，则满心以为胜券在握，所以很缓慢地往韩都郑前去。这次带兵的是魏军主帅芒卯，《战国策》中涉及了关于他的四篇文章，具体的信息不详。有人评论芒卯是个能使诈的将领，能在危险时刻挽回局面，或许还能获得小利，但却没有大才，此次带兵，便是孟尝君田文所举荐。后来田文还因为此事，被魏王免去了丞相一职。

对于秦军的来援，芒卯并不是没有任何预料。只是他认为，秦军就算来援，也绝无可能在这么短的时间内到达，所以当10万秦军如幽灵般出现在他眼前的时候，芒卯大惊失色，丢下部队落荒而逃。

军中无大将，自然混乱不堪。军心大乱的赵魏联军，见白起大军如入无人之境般，在联军中所向披靡，不断地收割着他们的人头，只能各自为战、只求能够保住性命。

转眼间，联军13万人马，都做了秦国的刀下亡魂。其实韩赵两国名为联军，实际上也是各自为战，因为将士之间的配合需要一段时期的磨合。为了不影响战争的机动性和灵活性，在此次战役中，打着联军旗号的13万人马，其实都是魏军。如果是赵军，也许就不会如此轻易地被击溃，尤其是在赵军大将廉颇、赵奢等人的指挥下。

白起一生最大的愿望,就是能够和赵国的精兵强将一较高下。只可惜,这一次带兵的赵军将领,竟然不是廉颇,而是贾偃。

眼看着魏军败得如此迅速,贾偃大吃一惊。此时贾偃只能率领大军死守,只要赵军能够支撑到廉颇大军的到来,两面夹击之下,定然能够击溃秦军。贾偃也颇有领兵作战的经验,见白起大军来势汹汹,他不慌不忙地在黄河岸边布下阵势,秦军先锋胡阳几次猛攻,都惨败而归。

几日以后秦军隐约地看见,黄河对岸的廉颇大军即将到来,激起的尘土遮天蔽日,将士的脚步让大地摇晃。此一战对白起来说,是他一生第一次正面和赵军交手,廉颇成名早过他,是他向往已久的对手。

如果让贾偃的大军顺利支撑到救援到来,敌军以逸待劳,秦军势必会大败亏输。既然强攻不成,那就只能智取。

白起用计,向来是连环出招,让敌人应接不暇,此次也不例外。

第一招,白起派遣使者前去赵军营中,向贾偃招降。贾偃自然不会就范,一见使者,差点就违背了"两军交战,不斩来使"的惯例。其实白起也没有指望贾偃会率部投降,这不过是他的疑兵之计,旨在为第二招打掩护。

第二招,就是让4000轻骑兵在双方谈判时,悄悄掩到赵军的侧翼,只待两军处于胶着状态之时,再趁势冲击赵军。到时,

武安君白起

秦兵

赵军必然会惊慌失色,军心一乱,大事可期,成败在此一举。

果然,就在秦国和赵国的军队于正面厮杀不停时,轻骑兵出动了,他们都没有携带任何盔甲,而以血肉之躯直接冲击赵军的阵营。不久,赵军就出现了变乱之相,开始缓慢地向后撤退。白起依照计划,命令军队在包围魏军时故意留下一个缺口,其后设长矛,其他三面竖起盾牌,将赵国军队逐渐往黄河的方向逼去。很快,赵军将领贾偃弄明白了秦军的诡计,但是为时已晚,赵军退到黄河边后,就没有了退路。秦军向没有退路的赵军强攻,赵国士兵一个个被挤入滚滚的黄河之中,还没来得及叫一声就被黄河水冲走了,两万浮尸差点堵塞了黄河河道。

主将贾偃见大势已去,不堪受辱,于是拔剑自刎。

而对岸,廉颇大军正好赶到,一双血红的眼睛死死地盯着河岸这边的白起。

此一战,白起大军再次大获全胜。自白起出师以来,魏国连番损兵折将。在伊阙一战中损兵16万,不久又被魏冉斩首8万,如今再被白起灭掉13万,整个魏国,已经无人可用。

从当时的战略局势看来,魏国是东方六国的脊梁所在。眼看秦国马不停蹄,欲要扩大战果,趁势灭掉魏国。

天下危矣!

赵惠文王只能马上联合燕国,以救援魏国。这时魏安釐王再次决定以土地换取和平,于是将南阳(太行山以南、黄河以北地区)之地给秦国。这一次,魏王虽然还是沿用了老伎俩,但还算是明智之举。因为秦国已经认识到,赵国虽然损失了两万人马,但是其精锐并没有被消灭。赵国正在策划各国合纵共同打击秦国。于是，秦昭襄王审时度势，决定见好就收，接受魏国南阳地后退兵。在第二年，秦把所占韩、魏的南阳与楚的宛，合建为南阳郡。

但是魏国并没有参加赵国的合纵，而是借机投入秦国的怀抱，赵国的图谋就这样化为泡影。而秦国则终于打破了渑池之后的盟约，可以顺理成章地打击赵国了。

## 第二章
魏国失范雎,自掘坟墓

# 打你是为你好

范雎到达秦国之后，顺利地取得了秦王的信任，并做了秦国的丞相。而他之所以能够取得秦王的信任，主要是因为两件事情：他帮助秦王制定了夺取天下、问鼎中原的策略——远交近攻；同时也制定了攘外必先安内的策略——打击四贵。

如此，秦昭襄王不仅成为了秦国唯一的权威，也成为秦国政权真正的最高统治者。范雎于是成为秦昭襄王的股肱之臣，引为心腹。范雎对于秦国的贡献，实在是堪比商鞅。

李斯在《谏逐客书》一书中对范雎有着极高的评价："昭王得范雎，强公室，杜私门，蚕食诸侯，使秦成帝业。"因而可以说范雎上承秦孝公变法图强之策，下启秦始皇统一帝业之志，对秦国的统一大业有着突出贡献，是秦国的一代名相，其与苏秦、张仪一样，有着非凡的才华。

然而，范雎此时虽然风光无限，能够在秦国呼风唤雨。但是他自己清楚,他所做的一切,实在是不得已而为之。

魏国在秦国"远交近攻"的外交政策和白起大军的无情攻击下,连番丧师失地,让原本是魏人的范雎唏嘘不已。或许,他对于自己已经是无可奈何,因为身不由己,他做了秦国的相国,秦昭襄王对他有知遇之恩,这才是最重要的。所谓食君之禄忠君之事,说的就是此时范雎的选择。

在政治上,白起仿佛是个不谙世事的人。范雎如果对付他,秦国必将失去一个臂助,秦军就再难所向无敌。而如果不对付他,不但范雎自己的地位会受到威胁,而且魏国也面临着亡国之祸。

此时的范雎依然对魏国感情,虽然他曾在那里受了那么多磨难。

这一切,还得从周赧王三十二年(公元前283年)说起。当时燕国有一位名将乐毅,在他的率领下,燕、楚、魏、赵、韩五国的联军,很快就攻破齐国都城临淄,齐国70余座城池也被一举定服,仅剩下即墨和莒两座城池尚未被联军攻破。齐潜王见国破家亡,只能逃亡,后来被楚将淖齿所杀。齐襄王在当时内外交困、岌岌可危的国势下,仓促在莒即位。也是齐国命不该绝,齐将田单竟然在这个关键时刻,力挽狂澜,智摆火牛阵,大败联军。齐国重新夺回失去的土地,重新回复当年的兴旺。当初破灭齐国时,魏国可谓绞尽脑汁,无所不用其极。在齐国国势日强的情形下,魏王自然惧怕齐国会借机报复魏国。于是,魏王遣中大夫须贾出使齐国,议和修好。

须贾当时官居中大夫，而范雎正是其门下的门客。范雎在须贾的门下，就不时显露出谈天说地之能，安邦定国之志。

这次须贾出使齐国，将范雎带着在身边，对范雎来说是一次机会。

须贾很顺利地到达齐国都城，并和齐襄王法章见上了面。正所谓"仇人见面分外眼红"，齐国差点就被乐毅带领的五国联军灭掉，而魏国正是其中出力最大的国家之一。齐王新近即位，国仇家恨一起涌上，岂能给予魏国使者以好脸色？

所以在见到了魏国使者之后，齐王当即奚落地说道："寡人只听说，魏国喜欢在战败时屈辱求和，却不知道这一切都是因为魏王的脸皮很厚。想当年，寡人先王和魏国一同前去讨伐宋国，是何等的亲密无间，如同兄弟一般。可是没有料到，齐国人把魏国人当做兄弟，魏国人竟然和别国共同攻打齐国。寡人猜想，当初魏国帮助燕国攻打齐国时，心底应该是何等的畅快，既攻破了齐国的城池，还害死了寡人的先王，齐国一片断壁残垣、饿殍满地、尸横遍野。好个魏国，见齐国强大起来，又腆着脸来向齐国求和，如此势利小人组成的国家，教寡人何以相信你们呢？"（《史记·范雎蔡泽列传》）

一时之间，须贾无言以对。正所谓"锦上添花易，雪中送炭难"，昔日齐国落难之时，魏国不仅没有拉齐国一把，反而乘人之危落井下石，实在令人感到羞愧。

不过这时范雎站了出来，为魏国辩驳。他并没有直接面对齐王所说，而是旁敲侧击，换一个角度看这个问题。他认为，当初共同讨伐宋国的,除了齐国、魏国之外,还有南方的楚国。自然在合战之前,三国都曾经立下盟约:只要宋国一灭,齐国、魏国和楚国将平分宋国的土地。岂料就在三国联军将宋国城池攻破之后,竟然祸起萧墙、变生肘腋,齐国竟然乘人不备,将魏国打个措手不及,夺去了本该属于魏国的土地。如果没有齐国在攻取宋国时的背信弃义在先,又怎么会有五国联军伐齐在后呢?

范雎义正词严一番,说得须贾也激动不已。只见范雎向前一步,继续向齐王说道:"依照在下看来,魏国虽然在名义上和其他国家一起讨伐齐国,实际上则是没有任何动作。齐国招致众多国家的讨伐,肯定是事出有因,如果魏国不假装参与进来,必定会被认为和齐国一样,从而被孤立起来,甚至会遭受同样的讨伐。这一切都是时势所逼,魏国也无法力挽狂澜,只能做个识时务的俊杰。这些从以后魏国的行动中,都可以看出来。当其他的国家争先恐后地攻入齐国都城临淄时,只有魏国按兵不动。请君试想,如果当初魏国也参与了进来,大王哪里还有机会在这里耀武扬威呢?"

范雎这三寸不烂之舌,将魏国讨伐齐国的所作所为推得一干二净,更是站在魏国的立场上极力贬斥齐国,让齐王和魏国使者的主客位置瞬间对调。范雎是个聪明人,他知道魏国此次前来的目的,不是和齐国来争执对错的,也不是来贬低齐国的。魏国使者此来,只有说服了齐王和魏国修好,才算是取得了成功。

所以范雎还需要极力捧一下齐王,只见范雎继续说道:"齐王有天纵之才,更有绝世的经韬纬略,在大王的励精图治之下,齐国终于再现当年的辉煌,崛起于列国之间。昔日齐国的先王仗着齐国的强盛,不免渐生骄狂之心,遂小视天下英雄,才导致后来的亡国之祸端。在下不才,料想大王之才智定然胜过先王,因而也不会有什么骄狂的作态。岂料今日一见,实在是让人大失所望。大王这种盛气凌人的气度,岂是一个明君所为?"

范雎这一贬一扬,对于齐王而言,实在是振聋发聩。虽然一时之间,齐王还难以接受范雎的说辞,但是对于这个人,齐王则是留心有加。稍加咨询,才知道这个把齐王说得哑口无言之人,竟然是一个名不见经传的舍人。齐王不禁想到,这魏国果然出俊杰,随便一个人,便有如簧巧舌。如此大才,竟然不能为魏国所重用,足见魏国国王实在是无识人之能。

既然魏国不重视范雎,齐王决定将范雎收为己用。

当夜,齐王便派遣自己最得力的属下,前去探访范雎,一探他的虚实。自然这来的人所带来的消息,能够让范雎怦然心动。齐王认为他是天下雄才,只要他愿意留在齐国,就许以高官厚禄,拜为上卿。

范雎没有答应,因为他认为,首先他是魏国的使者,虽然不得重用,但总是魏国之人,如果擅自从了别的国家,那样只会被人看不起,成为一个不讲信义之人。其次,则是范雎此时还心向魏国,只希望有朝一日,魏王能够见识到自己的才华,进而重用他,实现他的功名大业。而此次他锋芒初露,必然会被魏王所知,到时依据实际情况,可以再定去留。此外,所谓"君子不立危墙之下",当时齐国虽然号称东方第一强国,但是当初五国伐齐,齐国已经大损元气，且国内也有很多纷争，前途堪虞，范雎虽然没有高官显位，但见识一点也不弱，知晓自己在齐国，前途不大。

岂料齐王见此，更加佩服范雎的德操。有才之人，天下不少，但如论到才德兼备，在当时而言则是少之又少。于是齐王决定，只要有可能，就要想尽办法留住范雎，并且派遣属下给范雎送去了许多黄金、好酒、好肉。范雎自然不会被这些俗物所动，所谓君子爱财取之以道，范雎觉得自己断然不能自毁前程，所以齐王的心思再次白费了。

然而"言者无心，听者有意"，虽然范雎此时可谓坦坦荡荡，但是对于一向以多疑著称的须贾而言，很容易便生出了疑虑：莫非这齐王和范雎之间有什么不可告人的事情？于是，须贾急忙叫来范雎，对其进行了询问。范雎心想，这须贾肯定怀疑自己了，与其让他继续猜疑，不如直言相告，让须贾消了疑虑。

岂料此时的须贾并不见范雎之才，还窃自以为这范雎何等何能，会让齐王如此屈尊纡贵？如果说要给使者送礼，也应该送给须贾，怎么会找他属下一个舍人呢？当然，须贾不会当即将他的想法说出来，而是隐藏了下来。

"君子坦荡荡，小人常戚戚"。范雎此时，如一个君子一般光明磊落，不忧不惧，所以心胸宽广坦荡；而须贾则如小人一般，患得患失，忙于算计，又每每庸人自扰，疑心他人算计自己，所以经常陷于忧惧之中，心绪不宁。此次事件，范雎以为就这样过去了，而他却没有料到，真正的暴风雨，往往就隐藏在之前的平静之中。

## 钱能买命

范雎无所畏惧地回到魏国,就在他希望须贾能够大力引荐自己,从而飞黄腾达之时,须贾竟然跑去了魏国宰相魏齐之处。魏齐是个昏庸之人,对须贾一向信任有加,在须贾加油添醋的叙述下,魏齐对范雎痛恨不已。

魏齐认为,他之所以派遣范雎作为使者前去齐国,是对其信任的表现,现在发现他竟然不知恩图报,反而卖国求荣,当然很愤怒。于是,他急忙派人前去将范雎抓起来。

与此同时,魏齐还马上召集全体官员跟宾客举行盛大宴会,目的是在他们面前逼迫范雎招供,以起到杀鸡儆猴的作用。范雎刚刚被抓时,尚不明所以,但是一看堂上须贾的诡异面色,他便心知肚明了。回想自己一直以来的所作所为并无疏漏,只是在出使齐国时,须贾对其心生不满。他料想一定是须贾向相国魏齐进了谗言,魏齐才如此对待自己。岂料不等范雎辩驳,魏齐就让属下甲士将其按住，顷刻间棍棒齐下，让范雎痛入骨髓。但是范雎认为自己并无过错，所以没有什么可招的，而一旦自己被迫承认了魏齐等人想要的通齐罪证，那么等待他的就只会是抄家灭族之祸。

所以，无论魏齐对他如何施刑，他就是闭口不言。不过他的心中一定是对蒙受不白之冤的满腔怨愤和有口难辩的悲痛凄凉。一百杖之后，范雎已经血肉模糊。然而，魏齐并没有就此放过范雎，他让狱卒前来用冰冷的水泼醒了他继续打，直到他招了为止。这一夜是范雎一生的噩梦，他承受着常人难以想象的痛苦，但狱卒、魏齐和须贾等人并没有因此心软。看累了，魏齐和须贾就前去休息；打累了，狱卒们便喝一口酒，顺势喷洒在范雎的身上。

范雎在剧痛中几番昏厥又几度醒转，如同在黄泉道上走了好几遭，在鬼门关前转了无数回，简直生不如死。

翌日，被殴打一夜的范雎的肋骨折断，牙齿脱落，血肉模糊，狱卒告诉魏齐范雎死了。

魏齐听后哈哈大笑，继而说这种人死有余辜、万死难辞其咎。他认为只有这样才能杀鸡儆猴，让别人知道背叛魏国是怎样的下场。只是，范雎自始至终都没有招认其罪证，对于他和齐国的"阴谋"从此便会永埋黄土了。

只是，魏齐连范雎永埋黄土的愿望，都不会让其达成。既然他没有九族可以诛除，魏齐就只能在范雎的尸身上下工夫。于是，魏齐命令狱卒们将范雎的尸体用草席裹了起来，丢到了茅坑里面。他的用意很明显，就是要人人在他身上留下污秽，让他死后也遗臭万年。

这天傍晚时分，一阵清风吹过茅厕，范雎醒转了过来，剧痛之下，不禁呻吟一声。

不巧这声音竟然让茅厕外的守卒发现了。于是乎，那个士卒便小心翼翼、战战兢兢地走了过来，心中暗自想道：莫非是这刚死之人的灵魂附体？还是其鬼魂归来，为范雎报仇雪恨？

看到活着的范雎，守卒吓了一跳。不过他很快就明白了，范雎并没有死去，只是受了重伤。

范雎虽然已经是气若游丝，但是马上便对于自己的处境有了清晰的认识：眼下凭借自己，无论如何也回不去家中，再拖得一时半刻，也必定是死去的结局；守卒过来了，要么前去禀告自己的处境，到时自己定然难以逃出生天。于是，范雎决定，利用人的贪婪心和同情心一搏。

也是范雎命不该绝，他告诉那个守卒，眼下自己已经是个废人，对于任何人而言，都已经没有了半点威胁，如果他能够放过自己，将他送回家里，让他能够落叶归根，那他自己做鬼也必将感念这守卒的大恩大德。家中的金银财宝，也会全部送给这守卒，以示滴水之恩，当涌泉相报。

这守卒心想，即使自己将范雎没有即刻死去的消息上报，有功则是上头领取，更何况，范雎说不定就在途中死去，到时还会落得个谎报欺上的罪名。这范雎也是可怜，死后还被人扔进粪坑里，索性就送他回去。范雎再怎么也是个国家官员，家中珍藏定不会少,只要将他送回去,自己必然可以获得一些好处。

于是,范雎的计谋成功了。守卒让范雎装作死人,然后趁着天黑时分,便将他送了回去。守卒也算聪明,为了能够顺利送回范雎,竟然直接对上面说,范雎在茅厕里已经开始腐烂了,实在是恶臭难当。魏齐闻言,直接说道,既然这范雎已经死了,留在茅厕里还会影响人们上茅厕的雅兴,与其让他腐烂,不如让守卒将其扔到荒郊野外,还可以让那些饥饿难耐的饿狼可以一饱口福。

于是,天色暗下来后,狱卒便将苇席和范雎一起拉起,送去范雎家。范雎妻子一见,当即大惊,便给狱卒几两黄金让他走了。可狱卒到了半路忽然发现竟然没有拿走苇席。于是他又马不停蹄地火速赶到范雎家,取走苇席后将其扔到荒郊野。如此,才可以保证万无一失。

范雎,也终于在必死之局中,依靠自己的沉着冷静、机智果断,为自己求得了一线生机。然而,他眼下还并没有脱离危险,因为他还身处魏国,而魏国相国魏齐,在整个大梁城中遍布耳目,要逃出生天,还需做精密的筹划。

# 希望就在转角处

范雎的妻子见范雎竟然被打得不成人形,不禁悲从中来。

范雎见状,忙伸出右手,止住妻子的哭声。因为他名义上已经是个死人,万万不得惊动他人。于是,妻子忙将一身污秽的范雎打理干净,同时还将家中的痕迹擦净。为了不泄露行藏,眼下还不能够出面去请大夫。

范雎见妻子焦灼不停,遂向她交代了两件事情:

第一件,便是如何妥善安置范雎的事情,为今之计,任何陌生人都不能依靠,熟人也需要生死之交才可以保证安全。正好,范雎在西门陋巷中有一个结拜兄弟名叫郑安平,那里可以暂时作为他的安身之地。

第二件事,就是要处理好他走后的事情,如果他的妻子对他的死讯不闻不问,则必然会引起别人的怀疑。因此,范雎妻子第二天还必须要演两场戏:第一场,就是前去索要尸体,很明显魏齐等人都认为范雎已经被人扔到了荒郊野外，自然交不出来。如此，可以安定魏齐的疑心；第二场，就是要在家中发丧，并痛哭不已，这样就可以增强掩人耳目的效果。

范雎妻子立马就明白了范雎的意思，遂星夜兼程将范雎送到了他的好兄弟郑安平的家中。

回到家里，范雎妻子一切按照范雎所言，第二日便拉着板车，披麻戴孝前去魏齐处所向他们索要尸体。魏齐闻讯，不屑一顾地将她阻挡住，说没有见到这个人的尸体，可能已经被野狼叼去了。于是，范雎妻子便在魏齐处所外大哭大闹一场，最终被人轰走。回到家中，她又摆下灵堂，披麻戴孝，如此，范雎之死已经由假成真。

而范雎到了郑安平家，郑安平为其请来了自己可以信任的、熟识的大夫，为其疗伤续命。功夫不负有心人，不久之后，范雎的伤势便有了转机。半月过去，城中的风声逐渐消散，范雎也康复如初。

郑安平虽然不是什么达官显贵，却有一个优点：很重义气。为了保全范雎，竟然将家庭抛弃，直接和范雎到了具茨山（今河南新郑西南），给范雎找了一个藏身之所。当然，此时的范雎，已经不是原来的范雎了。他的心，对于魏国已经有了嫌隙，不再和往日一般渴望得到魏王的重用，希望在魏国建功立业。此时的范雎已经更名为张禄。

这时候的范雎对未来的路途甚是迷茫。魏国不再是他的栖息之地，即使他雄才大略也不会得到魏国的重用。齐国倒是一个去处，当初齐王就对他许下承诺，只要他能够前去齐国，就将授予他高官厚禄。只是这时的齐国虽然在田单的努力下复国，其实力却大不如前，其国力已经受到了极大的损伤，只有经济实力上与秦国还可以一较高下。齐国已经从强国的地位上跌下来，整个战国只剩下一个霸权——秦国。此外，以前齐王在范雎锋芒正劲之时邀请他加入齐国，遭到范雎的拒绝。如果这时候范雎再前去，颜面上实在有些过不去。即使齐王十分乐意，范雎也不能为了前途而置礼义廉耻于不顾，其臣下必然会瞧不起他。

考虑到这些因素，范雎只能另谋出路。

周赧王四十四年（公元前271年），秦昭襄王派使臣王稽出访魏国。此时的魏国，在秦国眼中已经没有了多少威胁。华阳大战之前，魏国已经连番损兵折将，秦国要灭掉魏国，如探囊取物一般容易。

但是，魏国虽然大势已去，但楚国和赵国实力犹存，慑于他们的威力，秦国还无法即刻灭亡魏国。魏国为保自身安全采取了割地求和的策略，于是，秦国顺势和魏国交好，以暂时安稳住它。

魏国的实力明显弱于秦国，而外交从来是强者的游戏，所以秦国派遣去魏国做使者的人并不是什么达官显贵，只是一个名不见经传的人物。但这个名不见经传的王稽，却因这次出行，成为改变秦国历史的关键人物。

这一切，全要拜秦国的历史传统所赐。

自秦孝公、商鞅变法以来，秦国逐渐实现了富国强兵的国家理想。经过惠文王、武王、昭王几代人的不懈努力,秦国的国势日益强盛,逐渐成为凌驾于东方六国的国家。自秦孝公开始,秦国就认识到人才的重要性,于是逐渐形成了一个传统政策:举荐贤达者可获得与贤达者同样的赏赐,而举荐不肖者也要获得与不肖者同样的惩罚。在此政策的引导下,秦国的有识之士,都随时留意,访求人才。

转机就发生在这个时候。

对于范雎之才能,郑安平最为了解也甚为佩服,他也希望有朝一日自己这个结拜兄弟能够飞黄腾达,自己到时候也可以跟着沾光。

在此之前,范雎就对自己的这位结拜兄弟说过,当今之世,唯有秦国能够让他大展才华,其他国家皆不可取。其理由有三:第一,战国七雄当中,秦国的国力最为强盛;第二,秦国现在虽然是宣太后掌权,到时秦昭襄王嬴稷也必然有亲政的愿望,那时便是有志者的时机;第三,秦国的用人制度最为灵活,能够不拘一格地任用官员,只要有才,就一定能够受到重用。然而如何到达秦国,得到秦国统治者的赏识,却是范雎面临的最大难题。

正在郑安平和范雎二人都在为自己的前途伤脑筋之时,一个人的到来让他们二人看到了希望,这个人就是秦国使者王稽。

范雎和郑安平商议,王稽虽然是秦国使者,但是其住所的防范并不是很严密。因此,他们完全有可能找机会混进去,到达王稽的近前,来个毛遂自荐。

正当第二天二人来到王稽府上,准备乘机混进去的时候。他们发现其门口竟然贴着一张告示，内容大致是秦国使者初来乍到，使馆需要打扫，特此向广大魏国居民招募杂役。

范雎见状，苦笑着摇了摇头。他虽然在魏国并不是什么达官贵人，却好歹也是一位才高八斗的有才之士，怎么可能纡尊降贵，做这种粗俗不堪的活呢？然而为了自己的前途着想，他又不得不这么做。吃得苦中苦，方为人上人，受这点屈辱又算得了什么？比起当初被人殴打得半死，扔进茅坑，这点屈辱不过是小巫见大巫。

就在他决定前去报名做杂役之时，郑安平止住了他的步伐。郑安平对他说，他一旦有机会就能施展自己的才华，未来一定是达官显贵，所以不应该去做奴才该做的事情。即使他不计较，将来也要被人笑话。这样的事情不如让他这个做兄弟的前去。

范雎拗不过郑安平，只能看着他前去应征，心中自是感动不已。

于是，郑安平顺理成章地做了王稽府上的奴役，没想到他一到王稽府上，就成了王稽身边的服侍人员，且能够早晚见到王稽。郑安平进退有度，言行举止都不像是一个粗俗的杂役，所以在众多杂役中，他很快就脱颖而出。

王稽很快就注意到了他，郑安平见此，办事更加尽心尽力，每次都让王稽很放心。渐渐地，郑安平获得了和王稽说话的权利。

一个风和日丽的下午，王稽叫人来传话，让郑安平马上过去，有事情和他商量。这时，郑安平也感到时机成熟，准备来到郑安平的房间后，借故和他说话，以举荐范雎。

郑安平到了王稽近前，王稽向他问道是否愿意和他一起回到秦国。郑安平没有回答。因为他并不知道，这王稽为何会这么问。过了一会儿，王稽让他坐下，继而问道："你可知道，魏国是否有贤人，愿意和我一起到秦国发展？"郑安平一听，当即喜出望外，他知道，自己和范雎一番等待，终于拨云见日，可见皇天不负有心人。于是他忙回答道："先生问草民，魏国是否有贤人，昔日秦国的商君也是自魏国而出。由此可见，天下能人异士，大多出自魏国。得蒙先生垂青，向草民咨询，草民自然要举荐丝毫不差于商君的人物。这个人，就是草民乡里的张禄先生。他久仰先生大名，知道您的贤德，所以想要拜访使君，论述天下兴亡之事。草民知道，先生定然疑惑，何以张禄白日不正大光明地前来拜会。这是因为，他有仇家在此，只能等到晚上前来。"王稽听闻有贤人，自然不会苛责是晚上还是白天来，甚至并不在乎他是魏国的罪人。昔日商鞅不也是被魏国追杀，逃到秦国而受到重用的吗？所以王稽连忙说道："你不用客气，既然是个能人异士，大可以晚上前来，如果确有其事，我定然不会亏待于你。"

郑安平闻言大喜，遂向王稽告了个假，当日回到乡里。范雎听闻秦国使者如此礼贤下士，不禁更加坚定了去秦国一展抱负的想法。

# 一路向西

战国时期,人们对国家并没有很强烈的归属感,魏国对于范雎来说或许只算得上出生之地,还无法上升到"祖国"的概念。如果是那样的话就不能够解释,被魏国一些权臣陷害之后他为何能够坦然地离开魏国,转而投向和自己的国家世代为敌的秦国了。由此可以发现,当时的周王室虽然名存实亡,但经过夏、商、周以来的发展,华夏之人的概念已经深入人心。所以,战国时期的一些纵横家以及一些有抱负的人能够坦然在各个诸侯国之间穿梭往来,寻求施展抱负的最好平台。从一个魏国人变成一个魏国的敌人,进而变成秦人,并一步步实现把所有的魏人、楚人、赵人、宋人、齐人、燕人、韩人都变成秦人的目标。范雎以其纵横天下的勇气,雄霸江湖的雄心,在成就秦国的同时,也成就了他自己。

这一切,都源于秦国一个名不见经传的王稽的到来,也归功于其生死之交和结发妻子不计一切的辅助。所以成大事者，不仅需要自助，也需要他助。

郑安平和范雎扮作奴仆，在夜色的掩护下，星夜来到公馆，拜见秦国使者王稽。王稽见这个人竟然来得如此神秘，遂心中好奇。知道他甘心愿意冒险前来，定然有不凡之处，于是，他很热情地请范雎坐下来，郑安平功成身退，回到了住所。王稽命人端来酒菜，和范雎促膝畅谈天下大势。范雎指点江山，如在目前，三言两语之间，便将战国的形势分析得一清二楚。他还针对秦国的未来发展做了一番简要的筹谋。王稽虽然才智不及范雎，却也是个识得贤才之人。范雎正是秦国需要的人才，只要将他引荐到秦王座下，必将受到重用。如此一来，秦王自会对其奖赏，范雎也会对其感恩戴德，而秦国也会更加强盛。于是，王稽当即和范雎约定道："先生大才，王某佩服不已。我即将离开魏国，先生如果有意投效秦国，可在魏国京郊三亭岗之南等候，到时与我一起前往秦国，届时我必定向大王举荐先生之才能。"

范雎本有心向明月，奈何魏国这轮明月竟然对其不屑一顾，还屡次侮辱他。他这一去，对魏国恐怕是祸不是福。

在完成了出使魏国的一切事务之后，王稽便准备回返秦国。然而，他并没有通知范雎等人具体去秦国的时间。因为范雎虽有满腹才华，能不能为秦国所用，还需进一步考察。而这等待的过程，就是对范雎的最后一道考察。

王国维在《人间词话》中说，古今之成大事业、大学问者，必经过三重境界。第一境界：昨夜西风凋碧树，独上高楼，望尽天涯路；第二境界：衣带渐宽终不悔，为伊消得人憔悴；第三境界：众里寻他千百度，蓦然回首，那人却在灯火阑珊处。没有登高望远，就无以确定有价值的探索目标；没有对目标的迫切愿望和自信，就难以面对征程的漫长和艰辛；没有千百度的上下求索，就不会有瞬间的顿悟。范雎能够成功，就在于他对于天下局势的洞若观火，也在于他对于建功立业的殷切渴望，更在于他对于一展才华的恒心和勇气。

得到王稽许诺的范雎回到住所后，立即作了两手安排。一边让郑安平找可靠的人到秦国使者王稽的公馆外守候，一旦他出发，便迅速来告知；另一边，则火速收拾行囊和郑安平到指定地点等候王稽。郑安平对此很是奇怪，他认为大可以等王稽派人来通知他们。这时范雎向他解释，这是王稽在考验他们的恒心和决心。不再多言，郑安平和范雎一起到达魏国京郊三亭岗之南。

一连数日过去，王稽却没有任何动作。正当郑安平焦虑不安时，派出去的人前来告诉他：王稽来了。等到王稽的车乘到来，范雎和郑安平立即走出。王稽见状，大喜，本以为他们不会来了，今日一见，疑虑顿消。遂将这二人迎上车架，向西边的秦国绝尘而去。

其实，对于前往秦国后是投效秦王还是宣太后，范雎做了一番很认真的计较。不过当时并没有下定结论。当时的秦国，秦王并没有多少的实际权力，真正掌权的是宣太后和魏冉，此二人把持着秦国的政治、军事大权，而秦昭襄王不过是个有名无实的君王。

但如果不出意外,秦昭襄王早晚会获得实权,因为他才是秦国的正统,无论宣太后如何留恋政治,终归有一天会驾鹤西去。

所以范雎内心实则偏向秦王。在去秦国的路途之中,一件事情的发生,让范雎下定了结束宣太后、魏冉统治,追随秦昭襄王的决心。

马不停蹄地连日跋涉后,王稽一行进入了秦国的边境。这天,他们驱车行至秦国湖县,忽然远远望见前方尘土飞扬,一队车骑急驰而来。看这架势,定然是个达官贵人,而且身份还非同一般。因为秦国的法律对于等级制度有严格规定。就连王稽这样的使者,在秦国境内也不可以随意地奔驰快马。

范雎素以心思缜密著称,看到前方疾驰的马车后急忙向王稽打听道:"来的人是谁呢?看着车乘的华丽和步伐的嚣张,明显不是一般人。"

王稽听完范雎此言,不禁心生敬佩。不过这一路走来,整日听范雎高谈阔论,越来越察觉范雎的确有满腹才华,更有坚忍不拔之志。成大事之日,不久矣。于是,他便若有所思地回答道:"这是当朝丞相穰侯魏冉,他是宣太后的兄弟,也是秦国大王的舅父。看这架势,像是向东而去,帮助大王巡察函谷关周边的县邑。"

# 范雎赴秦

要想在战事纷争的列国有一番作为,就不可闭门造车,有抱负的人时刻关注着一国之势和天下大势。即使如鬼谷子一样的隐士,如孔子一般的教书先生,也都对时局洞若观火,因此他们才能每每语出惊人,教出有才能和雄心壮志的学生。

所以范雎读书的第一件事情,便是对天下大势进行系统的学习、了解和分析。他知道眼前的穰侯魏冉是何种身份,也知道当今的秦国朝政正把持在魏冉和宣太后手中。魏冉专国用事,是秦国头号权臣,与宣太后的另外几个兄弟泾阳君、华阳君、高陵君四人并称"四贵"。

魏冉为了彰显自己的权力和制衡秦昭襄王,每年都要带着大队车马周游整个秦国。巡察官吏,对他们恩威并施;省视城池,百姓对其讳莫如深;校阅车马,军队对其敬若神明;扬威作福,秦王也只能望洋兴叹。魏冉的权位已经登峰造极,在秦国可谓"一人之下,万人之上",他从来都没有功高震主的担忧,所以许多人都想攀附他,以实现自己的政治目的。

秦昭襄王虽然不满却也拿他毫无办法,一方面是为了稳定秦国的政局,免得祸起萧墙;另一方面是因为顾及宣太后,秦昭襄王能够坐稳王位都是拜宣太后所赐,如今宣太后位高权重,昭王对她既感激又畏惧。魏冉乃宣太后之弟,因而看到魏冉如此无法无天,在秦国代行君王大事,也只好听之任之。

范雎虽然对于秦国的局势很清楚,但是此处人多嘴杂,他自然不会将心中所想悉数告知王稽。而且,他没有见过魏冉,俗话说"眼见为实,耳听为虚",为了检验一下这魏冉的态度,他决定暗自参看一番。于是,范雎忙对王稽说道:"我早就听说过穰侯在秦国的大名,他依靠是宣太后的弟弟、秦昭襄王的舅父,在秦国一手遮天、专权弄国,但是他却没有任何容人之量,只知道妒贤嫉能,厌恶招纳诸侯宾客(这句话其实也是范雎随意杜撰的,当时名震六国的白起就是魏冉举荐的,可见只要有才能,他也会欣然招为己用);我觉得还是不要与他会面的好,以免受到他的侮辱。为今之计,我只能藏匿于车厢之中,静待一切变化,再依据事情的发展而行事。"王稽懂得范雎的心思,而且严格说来,王稽也没有受到魏冉的重用,早已经心向秦王,所以他遵从了范雎的意思。

没有多久,穰侯一行便赶到了王稽这边,王稽自然下车迎拜。魏冉见是朝廷官员,并不吃惊,便下车与之相见。这是秦国法律的规定,外出大臣如果在路上相遇,不管职位高低都需要彼此问一下其简要的情况。于是，魏冉例行公事地和王稽先寒暄一番，进而来到王稽车前，问道："关东六国的情况怎样？诸侯之间是否稳定，有没有什么大事发生呢？"王稽见魏冉问话，遂做出受宠若惊的样子，向魏冉鞠躬致敬，继而回答道："东方六国知道秦国的强大，对于秦王十分忌惮，对于侯爷也是敬若神明，自然不敢有丝毫异动。"魏冉虽然权倾朝野，却并不是自大的人，对于王稽的马屁不屑置之。

穰侯魏冉眼观王稽有些言辞闪烁，他接着问道："王稽，你是否也是那般没有见识的人，把其他诸侯国家的能人异士带到了秦国？这些人实属无益之人，而且心思复杂，难以收为己用，与其让他们来扰乱朝纲，不如直接弃而不用。如果遇到了真正的有才之士，他们不甘心归附我秦国，就直接杀掉。"王稽连称："没有穰侯的指示，下官怎么敢擅自做主呢？"

因为王稽过去并无不妥之举，所以魏冉对他的话并没有怀疑，眼下东方诸郡还要很多事情等着他去做，魏冉便不再久久盘查，遂率众东去。

但是魏冉的一席话却让范雎对其彻底失望，认为魏冉不会重用自己。一语兴邦，一言失国，魏冉就这样错过了范雎，似乎也注定了他日后的失败。

魏冉的身影渐行渐远，最后终于消失不见，直到这时，范雎才从车厢里面走了出来。不禁心生"劫后余生"的感触。他几乎不记得，这一路走来，已经多少次和死神擦肩而过，也不知道未来还要多少危险在等待着他。但是他知道，千里之堤溃于蚁穴，唯有小心谨慎、步步为营，才能够实现他最终的政治理想。

经过此事，王稽对范雎更加佩服，不禁在心中感叹，张禄先生果然有神鬼莫测之能，连魏冉会来找麻烦也看得出来。正当思索之际，范雎突然说道："据我先前的观察可知，魏冉这个人生性多疑且迟疑不决，刚才他其实已经怀疑车厢有人隐藏。只是碍于形势而没有搜查。见我等如此行色匆匆，且刚才对他的问话也多敷衍，事后必然悔悟。他知晓这车中一定有问题，很有可能会调转车头再来追击马车。到时如果我在车上，就有理说不清了。"

于是，范雎提议，自己下车从小路步行，让王稽等人驾着车马，引开魏冉的人马。

果如范雎所料，王稽车马才行十余里，身后马铃声便不断地响了起来。二十余骑从东飞驰而来，声称奉丞相之命前来搜查。王稽推脱一番，最后只得假意勉强地答应了他们。可惜，此刻的范雎早就不知所终，他们遍寻车中，也没有见到任何可疑之人，只能向王稽作揖一番，继而策马离去。惊魂未定的王稽暗自叹道："张禄先生真是不世奇才，有运筹帷幄之中、决胜千里之外的才能，非我辈所能及也。"于是催车继续向国都咸阳前行，他几乎可以断定，"张禄"定然有办法可以找到他。果然，到了半路，王稽便遇上了"张禄"，遂邀其登车一同前行。

经过一波三折的曲折经历，范雎终于到达他梦寐以求的地方——咸阳。然而，他还需要面对最后一场测试——秦王的"面试"。

# 第三章

## 范雎拜相,秦国基业大定

# 人才是第一生产力

公元前266年是秦国历史上的转折之年,在这一年,秦昭襄王听从魏人范雎的建言,将宣太后、魏冉等人赶下秦国的政治舞台,并且拜范雎为相,改行远交近攻的策略,从此奠定了秦国在战国末期的成功策略。

秦昭襄王嬴稷在过去40余年的时间里,一直活在宣太后的铁腕之下,没有实权。但他并没有能力反叛,只得将自己的不满深藏。

政治上的游刃有余让宣太后在秦国的地位如铁桶一般牢固,她将私生活和国家大事融为一体,而不是所谓的"公私分明";她能够不顾别人的忌讳,在大庭广众之下,为了国家利益而坦言自己的隐私;她能够在面对挚爱之时有万种风情,但是如果威胁到了秦国的利益,她便会毫不手软地将其杀掉。所以秦昭襄王对宣太后,一方面有着为人子对于母亲的爱戴,另一方面则有着为人下者对于上位者的敬畏。

即位后的秦昭襄王一直在等，因为他清楚地知道要真正地实现自己亲政，就需要达成三个条件：第一，自己有足够的实力和决心；第二，有贤者的辅佐；第三，魏冉失去民心。等这三个条件成熟后，秦昭襄王就可以将宣太后的势力推翻，自己执掌政权了。

公元前271年，一个影响秦国在战国后期外交策略的关键人物出现了，他就是范雎。

自韩、赵、魏三家分晋之后，三晋之地历来都是秦国最希望征服的地方，可惜屡次都没有得手。而三晋之中魏国的地理位置最为重要，它地居中原，是秦国走出自己国土、实现天下一统的关键地区。魏国物产丰富，教育系统也十分发达。魏国的吴起、商鞅、孙膑、范雎、乐毅等人，多是当时最杰出的政治家、军事家、思想家，名重一时，风流万古。

可是魏国的统治阶层，身处宝山而不自知，不但不重用这些能人异士，反而听信小人谗言，对他们凌辱迫害。无奈之下，那些满腹韬略、一腔抱负的能人异士只好投奔他国，最终成为魏国的敌人。

此次魏国迫害贤人的历史再次重演，范雎选择了秦国，这个当时战国最有实力和活力而又让东方六国最为寝食难安的国家。

这一年，魏冉带兵去攻打齐国的刚（今山东宁阳县东北）、寿（今山东东平县东南）两地。范雎觉得自己的机会到了，只要能够见到秦昭襄王，将自己的见解向王上陈述，那么自己就会从

人物故事图册·毛遂自荐　清　吴历

痛飲讀騷圖　明　陳洪綬

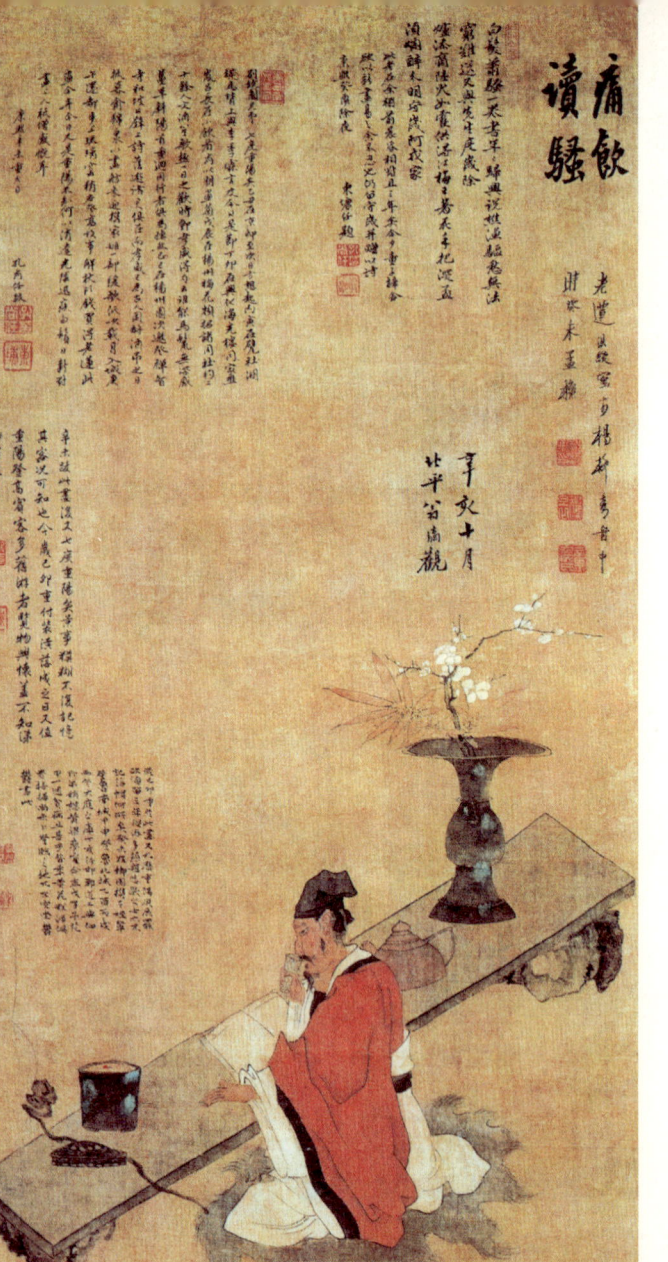

此一飞冲天,实现自己的理想和抱负。正如范雎所料,秦昭襄王对于魏冉为了自己封地而擅自动用刀兵,置国家利益于不顾的行为,有着极大的不满;对于贤才有着渴望并且有识人之能;对于秦国的未来有着自己的规划,他渴望亲政,并且实现统一天下的宏图大业。

所以,范雎向秦王上书了,简单扼要地陈述了自己对于这一切的看法和解决方案,秦王自然乐于见这样的贤才。在范雎到达秦王宫殿之时,秦王喝退了左右,如大旱渴望甘霖般,和范雎促膝长谈起来。

在《史记·范雎蔡泽列传》中,对于这一次会晤的内容,有详细的记载:

一见面,范雎便将自己和秦王以姜子牙和文王作比。他说道:"吕尚在河边直钩钓鱼之时遇见了文王,文王知道他有才能,从此厚待吕尚,并且将吕尚拜为宰相。已经80岁的吕尚感念文王的知遇之恩,就向文王陈述了自己的政见,为其制定了国家的内外政策,最终帮助文王灭掉无道的商朝,取得了天下。范雎虽只是秦国的一个过客,跟大王也没有多少交情,但范雎现在要说的事情,牵涉到您的骨肉之亲、母子之爱,似乎有些大逆不道。但是范雎有一片忠心,想要向大王坦言心中所想。即使今天范雎对大王坦言了,明天就被人所构陷,范雎也无所畏惧。人固有一死,或重于泰山,或轻于鸿毛。如果范雎所言,能够对秦国有些好处,便死得其所。"

范雎果然非比常人,几句话下来,便将秦昭襄王的兴趣吸引了过来。范雎一番言语，不仅吸引了秦昭襄王的好奇心，也将他彻底感动了。于是，秦昭襄王煞有介事地说道："寡人今天有幸得见先生，实在是晓天之大幸。不论事情的大小，上至太后，下至大臣，希望先生都坦言直说，不要怀疑寡人，只要有道理，寡人就会嘉奖，如果没有道理，寡人也不会怪罪。"

范雎见秦昭襄王如此礼贤下士，和自己平日的观察有过之而无不及。遂肆无忌惮地展开他的长篇大论，还提出了最新的作战方案，这也就是著名的"远交近攻"的作战方针："王不如远交而近攻，得寸，则王之寸；得尺，亦王之尺也。"意思很明显：现在的东方六国之中，唯有齐国势力强大，同时又离秦国很远，因而齐国是秦国最为理想的结盟对象。试想，如果秦国攻打齐国，部队要经过韩、魏两国。如果军队的数量太少，则一时之间必定难以取胜；如果多派军队，则打胜了也无法占有齐国土地。与其便宜了韩国和魏国，不如先攻打和秦国相邻的韩国和魏国，逐步推进。当前的形势很明朗，为了对付南方的楚国和西方的秦国，齐国与韩、魏两国正在谋求结盟。因此，为了使得形势对秦国更加有利，秦国需要抢在韩国和魏国的前面，率先派遣使者主动与齐国结盟。

这个外交政策，对东方六国而言，无疑是一场噩梦。

"远交近攻"的实质，是让秦国想要攻灭的所有的国家都陷于孤立无援的境地。这样，秦国就能够对列国各个击破。范雎对秦国的未来发展所订立的策略可谓高屋建瓴，令秦王心悦诚服。然而，如果秦王不能亲自主持国家大计，依然如一个傀儡般让宣太后在幕后操控，则范雎所有的设想即使再美好，也只能流于空谈。

通过对秦国未来发展政策的制定，使得秦昭襄王见识了范雎的才智，心生重用范雎的心思。范雎也是心知肚明，因而可以由公到私。就宣太后掌权之事，范雎说道："昔日，我在山东，听人家说，齐国有孟尝君，很有才能，齐王只能望其项背。而到了秦国之后，则只听说秦有宣太后、穰侯魏冉，以及华阳、高陵、泾阳君，还没有听说有秦王。大王是一国的领袖，应该决定一切国家大事，有生杀予夺的权威。然而，再看秦国之天下，太后能够不管君上而擅自行事，穰侯能够不顾国家而把持对外大权，华阳、高陵、泾阳君可以不闻法规而自行决断，这是秦国的'四贵'。四贵的权势盛，国家就危险，大王的权力怎么能不倾覆？大王何以向秦国发号施令呢？

"秦国有了四贵执掌权柄，则大王就被架空了。正所谓功高震主，多少大臣一旦有了权力就陷主上于危险的境地。李兑曾经是赵国的臣子，主父最终被困于沙丘，百日之内无人解救，最终饿死。崔杼、淖齿曾经是齐国的臣，齐君最终被他们害死。今秦国宣太后、穰侯魏冉专权，并和高陵、华阳、泾阳君等人内外相连，范雎担心有朝一日秦国会再一次出现崔杼、淖齿、李兑这样的事情。

"大王心知肚明，您身边其实充斥着魏冉的人，而且朝中许多大臣都是魏冉的党羽，可谓权倾朝野。大王一个人在朝廷，就是孤家寡人，这让为人臣者怎么能够安心呢？如果这种情况不加以阻止的话，秦国也许就会落入外人之手。"

范雎此番话令秦昭襄王刮目相看，他终于等来了这个贤人，其不仅可以为秦国的未来考虑，也可以为秦王的地位考虑。有范雎辅佐的秦王终于下定决心对所谓的"四贵"动手了。

公元前266年，秦昭襄王解除了宣太后的权力，之后他把穰侯、高陵君、华阳君、泾阳君逐出关中，并且免掉了穰侯的相位，拜范雎为相，封为应侯（应在今河南宝丰县西南）。秦宣太后在秦国政治舞台上叱咤风云、呼风唤雨41年后，就此落幕。

# 不要小看任何人

听完范雎对于当前大、小局势的分析，以及对于自己如何实现集中权力于中央、天下诸侯尽皆归属秦国的政治宏图做出了规划。秦王自然激动不已。众所周知，自秦孝公任用商鞅改革变法以来，秦国历代国君就确立了秦国的最高政治理想——一统天下。而范雎之言论，无疑给秦昭襄王描绘了一个美好的蓝图，而且对于现在自己权力的分散，也提出了切实可行的解决办法。一时之间，秦昭襄王觉得，天下九州尽皆归于秦国，秦国上下，唯他一人是秦国绝对的权威。

而秦国，无疑是当时最有实力实现天下一统的国家。秦国具有其他国家不具备的得天独厚的优势：地势高峻、易守难攻、土地肥沃、山河险固，黄河和函谷关把秦与诸侯国分开，使秦能够集中精力搞好自己的国力建设。光有先天上的优势是远远不够的。一个国家成败的关键，就是它是否重视并信任人才。此外，一个国家对其他诸侯国采取最为恰当的策略，国君励精图治、奋发图强，无疑也是国家能够在列国舞台上游刃有余的关键。

恰如范雎，能够从死神手下逃脱，孑然一身，来到秦国。这是他的幸运，也是秦国的幸运，但却是魏国的不幸。范雎来到秦国之后，没有家世，没有地位，更没有名誉，他要想凭自己胸中韬略来打动秦王，如前车之鉴的苏秦一般，实在是难比登天。

然而范雎却遇到了想要大展拳脚的秦昭襄王，当范雎深刻分析完秦国以及其他诸侯国形势以及秦国今后的发展放向以及应采取的方针政策之后，秦昭襄王十分兴奋，他开始抛开范雎的身份、地位、名誉，甚至也没有问这位名为张禄的魏国人为何不辞辛苦地来到秦国，便十分信任地重用他，而这也正是秦国能够最终称霸一方的原因——用人不疑，因才施用！

秦昭襄王虽然最终没有实现横扫六合的理想，却在他的有生之年给秦国打下了最为坚实的根基。毫无疑问，秦昭襄王可谓一个雄才大略的君主。因此，对于内部的萧墙之争和外部的纵横捭阖，他更加欣赏范雎的"远交近攻"的战略思想。

范雎自然也看出了这一点，这也是他认为的秦昭襄王的可取之处。于是，范雎为这"远交近攻"战略原则拟定了具体的实施步骤。第一，重创就近的韩、魏两国，分散他们的注意力，让他们无暇西顾，以解除心腹之患，壮大秦国势力；第二，向北攻打赵国，向南攻击楚国，扶持弱小的国家，抑制强大的国家，争夺他们的中间地区，并遏制各国的发展；第三，待韩、魏、赵、楚等国皆形成对秦国的依附之后，秦国可以以五国之力，对付当时最强的对手齐国,使其无力与秦国竞争;第四,秦国国力日盛且对各国形成优势后,可一举消灭韩、魏诸国;最后,消灭齐国,统一天下。

于是,范雎被任命为客卿,参与军国大政,主谋兵事。

而与此同时,魏冉也觉察到,似乎太后和秦昭襄王并不像过去一样信任自己了。秦昭襄王想要亲政,这是大家都心知肚明的事情,但是宣太后等人竟然神不知鬼不觉地就杀了义渠王,剿灭了义渠国。而且,连自己一向信任的白起也对这件事情绝口不提,这就意味着,魏冉已经没有了参与任何军国大事的权利。魏冉不知道,他人生中真正的终结者,早就出现在了秦王的羽翼之下,并制定了拔除魏冉的计划。

其实,在此之前,范雎作为秦王的心腹,在几年的时间内,为秦国出谋划策对付自己的国家魏,可谓尽心尽力,接连攻下怀地、邢丘两座重要城池。如此一来,秦王一下便打消了疑虑。以往,秦王身边还不时有人向他吹耳边风,说范雎可能是魏国的奸细,这下,所有不满的声音都烟消云散了。范雎也因此逐步掌握大权,秦国的三极政治结构被彻底打乱,新秀范雎大有后来居上之势,魏冉等四贵的权力受到了极大的威胁。

屋漏偏逢连夜雨,魏冉感觉白起日益疏远自己的同时,开始大力培植胡伤作为自己的心腹,岂料胡伤在攻打赵国时被赵国名将马服君赵奢一举击败,秦军损兵折将,这些年白起一路风生水起,秦军未尝一败。此次败亡,让秦军不败的神话破灭,此消彼长之下,魏冉的权威更加下降。

不久，魏冉、宣太后等人相继倒台，范雎做了丞相，封为应侯。

在魏冉做了丞相之后，对于魏国，制订了更大的侵略计划，这倒不全是因为范雎要一雪前耻、报仇雪恨，而是因为秦国要东出函谷关、剿灭六国，魏国就成了秦国首当其冲的拦路虎。

魏王、魏国相国魏齐以及信陵君魏无忌等人，对于魏国的形势也很了解。他们听说，秦国新任宰相张禄，竟然是个魏国人。这让他们看到了希望，认为只要他们派人出使秦国，给张禄以丰厚的财宝，继而得到觐见秦王的机会，并给秦国送去质子，就能够和秦国讲和。

真是无巧不成书，这作为秦国使者的人，不是别人，正是范雎的前任主子须贾。范雎正愁怎么样才能够真正地打击自己的仇人须贾和魏齐呢，他这一去，不是送羊入虎口，自投罗网吗？

可惜，须贾不知道，自己西出函谷关之后，还会遇见他的一个故人。当然，到了范雎这样的境界，普通的杀人偿命欠债还钱的伎俩，对于他们而言，已经没有了多少趣味。或许和他们的眼光一样，他们整人的功夫也是高人一筹的。

所以范雎在须贾入秦之后，将自己做了一番彻头彻尾的打扮。

范雎闻知魏王遣须贾来秦都议和，心中叹道，自己报仇雪恨的时机终于到来了，于是，范雎脱掉了丞相的朝服，也不穿一般干净华丽的衣服，而是找了一件又脏又臭的乞丐服装，装做寒酸落魄之状。原本神采奕奕的当朝丞相，就这样变成了一个社会最底层的人，这就是所谓的"人靠衣装"。范雎便偷偷地从丞相府衙潜出，来到馆驿，没有等通报便直接进去了，不久，他便走到了须贾的身前。

须贾刚刚睡醒，一见范雎，不禁揉了揉眼睛，继而大惊失色，惊声尖叫道："这不是范雎吗？实在是晓天之大幸，我还以为你被魏国丞相打死了，没想到今天能够到这里遇到你。"说来神奇，这须贾竟然一见范雎，就感到他和过去不同了，从心底深处腾出了一股凉意，只是究竟发生了什么，他却难以说个明白，所以即使范雎穿着邋遢，须贾也不顾一切地向他示好。

范雎闻言，故作苦笑地答道："当年在魏丞相手下，被打得皮开肉绽、不成人形，后来又被弃尸荒郊，一阵清风吹来，将我吹醒，醒来却已经不能动弹。幸好有一个好心的过客，将我救了回去，从此我便辗转来到秦国，为人打工糊口，维持自己的性命不失。"

须贾闻言，恐惧之心逐渐淡化，不由得哀叹一声，心中想道，也许当日自己向丞相魏齐告状，本来就是一个错误。如今让范雎沦落到这样一个地步，让须贾情何以堪！

于是，须贾让范雎坐下，能够在秦国相见，也算是一种缘分。紧接着，须贾便命管役的负责人员，给他端来了一顿香喷喷的饭菜，让范雎饱餐一顿。范雎刚刚吃过饭，眼见如此，也只能装作饥饿难耐，大口吃饭、大块吃肉，很快就风卷残云一般吃完了饭菜，完了还打了一个饱嗝。

窗外忽然吹起了寒风，时值隆冬，秦国又处于西北高寒之地。范雎不禁冷得战栗不已。须贾一见，这范雎衣服很薄不说，还破烂不堪，哪有不冷的道理。遂又叹了一声，说道："范雎，没想到你会沦落到这样一个地步，肯定冷得厉害。"

索性好人做到底，送佛送到西，须贾命随从拿出一件自己随身携带的缯袍，披在范雎的身上，不由得叹道："现在的魏国，和范雎你现在的情形一样，几乎就到了走投无路的地步，魏王只能派遣我来到秦国，谋求和当朝丞相张禄一见，只可惜，没有人可以代为引见，我来了多日，都不得其门而入，看来魏国，国事艰难。"

须贾说完，心中无限感慨，他并不奢望连衣食都难以满足的范雎能够帮助他，只是眼下身在秦国，人生地不熟，能够遇到这样一个故人，就没有什么顾忌，把自己心中的难处说了出来。

岂料范雎听完，不仅哈哈大笑，并向须贾撒谎说，自己的主人与张丞相关系很不错，自己也有机会能够出入丞相府衙。丞相也善于辩论，经常和自己的主人谈论家国大事，时常让自家主人无言以对。这时候，范雎便能够一展才华，和丞相张禄辩论个不停。丞相爱才，遂很是亲近自己。

只要须贾愿意并相信范雎，他便愿意为须贾借得大车驷马，供其驱使。不知为何，须贾听完，虽然心中疑惑，但还是选择了相信他，或许是他虽然穿着破烂，却有一股气势，足以睥睨天下的气势。或许只是因为，须贾的恻隐之心再一次发作，不忍心让一个故人失望。

果然，范雎告了一个假，不久便弄来了一辆大车。这辆车正是秦王为范雎配备的丞相专用车，这不禁让须贾又多信任了两分。

## 用马料请客

于是,范雎将须贾引上车,并且亲自为须贾执辔御车。范雎虽然穿着破烂,但街上之人大多都见过他,见丞相竟然亲自驾车,都纷纷向丞相行礼,不认识的,则纷纷疾走回避。须贾也暗自观察,这范雎和昔日的确是有些不一样,因为很多东西,不是一件衣服、一个皮囊可以掩盖住的。就像范雎,在这街市上,竟然大摇大摆,人人争相让开。

只是无论须贾如何地挖空心思,也瞧不出个所以然来,只能既来之,则安之,三炷香时间不到,车架便稳稳地停到了丞相府衙门口。范雎转身对须贾说道:"您且在这里稍稍等候,我进了丞相府,给你通报一声。"须贾应了一声,脑子中仍在疑虑,莫非这范雎已经做了丞相府衙内的高官?不然何以能够如此轻易地就借到如此豪华的车架。再看范雎进入丞相府,简直如入无人之境,门口的侍卫仆人还对他点头哈腰,这更加坚定了须贾心中范睢是个高官的想法。

须贾心中不由得生出一股凉气，幸好刚刚自己对范睢还不错，也希望他能够感念故人之情，不要因昔日自己所犯下的错误而为难自己。至于秦国和魏国的事情，比起自己的性命，实在是微不足道了。

须贾下车之后，本准备直接前去问门口的侍卫范睢是什么身份，但是又恐怕对范睢有所不敬。索性，须贾直接站于门外，就这样一直等着，只是等了很久，官员来往倒是不少，却唯独没有见到范睢出来。

这样等下去也不是办法，前进不得，退后也不得，于是，须贾渐渐地走近守门者，伸出右手靠近嘴边，向守门者悄声问道："请问您注意到刚刚进去那个衣着寒酸的人了吗？他是我在魏国的故人，此去专门为我向丞相通报的，只是这么久了，我却一直没有看到他的到来，您能为我招呼一下吗？"须贾久在官场，深谙其中的道道儿，遂顺势从身上掏出一些金银，送给了那个守门者。

岂料那个守门者虽然收了金银，却好似理所应当，没有半点殷勤，只是说，刚刚进去衣着褴褛的，只有一个人，而且听说他也是魏国人，只是他不需要前去丞相府衙通报，因为他本来就是秦国的丞相——张禄。

当守门者将所谓的衣衫褴褛者就是范睢的消息告知须贾之时，所有的情节终于在须贾的记忆中串联起来，刹那间，须贾如梦中忽闻霹雳，心里突突乱跳。不禁叹道，这世界上的事情，实在是难以预料,昔日自己门下一个食客,谁可以预料到,会成为今朝独霸战国的秦国的宰相!

只是世界太小,这样巧合的事情,都让须贾遇见。一想到昔日自己的所作所为,须贾心中顿时凉了半截。他想到了逃跑,可是天下之大,哪里有他的容身之所?即使是魏国,也只会依照秦国的脸色行事,秦国只要向魏国略微施压,范睢要取自己的性命,还不是如同探囊取物一般?恐怕是丞相,也保不住他自己吧。

怕是没有用的,须贾只能坦然地面对,因为这些事情,越是逃避,就越难以摆脱。于是,须贾脱袍解带,马上跪倒在范睢的丞相府外,同时还托守门者报告说:"魏国罪人须贾,自知罪孽深重,愿意接受丞相的惩罚,即使要了他的性命,也在所不惜。"

如此一来,范睢也算是出其不意地震慑了一下须贾,不久,门里便来了人,要须贾进屋相见,只见两旁全是刀斧手,更有隆隆如雷声一般的鼓声,随着须贾的步子,一声声地渗入须贾的内心深处。

只见范睢威风凛凛地坐于堂上。须贾见状,两腿一软,随即跪了下去。范睢连声问道:"须贾小人,你该当何罪?"须贾闻言,知道自己万死难辞其咎,遂连称有罪。范睢见状,叹了一声说道:"须贾你知罪就好,刚刚我在门内,给了你机会逃走,可是你没有,这很好。证明你并不笨,知晓自己无论如何也逃不出我的五指山。然而,依照你昔日的所作所为,你本该断头沥血，以酬前恨。要不是你恶语中伤，我何至于被魏齐抓走？要不是你不加劝阻，我何至于被打得不成人形？要不是你在我假死之后的身躯上任意行事，我怎么会时至今天还噩梦连连？然而幸好，你能够心念旧情，见我衣着寒酸，不仅没有嫌弃我，还留下我吃饭，以缯袍相赠，范雎别无所长，滴水之恩当涌泉相报，所以暂时饶恕了你的罪过。然而这并非代表我是个仁慈之人，只要是仇恨，我都会一一报复，这才是男儿本色，你说是也不是？至于魏国和秦国的事情，你且放心，我这就去和秦王说情，也算是偿还了你的恩情。"须贾叩头，连称丞相圣明，战战兢兢地走出了丞相府。

根据事后须贾的回忆，当时的范雎简直就是一座神明，比起魏王在他心中的地位，还有过之而无不及，因此，当他走出丞相府之时，还觉得自己身在梦中。

而根据范雎自己的回忆，现实又是另一番情景。他觉得自己像是一个小人，睚眦必报。虽然当时范雎答应了须贾，让秦国和魏国暂时和解，但这不过是他的缓兵之计，要知道，迟早有一天，魏国会在自己的铁蹄下战栗。而他须贾，在范雎眼中，不过是个无关痛痒的棋子。

而根据秦王的耳闻目见，这一切都十分有趣，在他的心中，第一次觉得，这范雎竟然还有如此一段过往，还有如此神秘的一面。

所以最后秦王为了求取真相，直接将范雎召进了宫殿，以问个明白。

范雎哪里不知道秦王的心思，遂一见到秦王，便直言不讳地将往事一一禀报；与此同时，范雎还对秦王说，现在魏国已经被秦国打怕了，因而派遣使者前来求和。依照秦国今日的国势，要灭亡他魏国也不在话下，只是其他国家是不会答应的，秦国需要暂时稳住魏国，等到时机成熟，才可一举获取最大的好处。

秦王闻言，自然是欣喜不已，他知道，范雎办事，他大可放心。关于须贾的事情，范雎可以随意地处理发落。即使杀了他，魏国想要来找麻烦，秦国也必定会为范雎撑腰。范雎知道，这是秦王对自己的承诺和信任，也是收揽人心的常用手段，可是他还是很受用、很感动。

范雎在心中想道，魏国好好享受暂时的和平吧，这样的日子不多了。

历数前面所有人对范雎的评价，都逃不出一个论调——复杂。的确，范雎是一位充满矛盾的历史人物。他一方面具有所有人都不具备的战略眼光，提出了"远交近攻"的战略方针，让秦国得以不断强大，成为秦始皇统一六国的奠基人物，然而另一方面，范雎又小肚鸡肠，"每饭之德必赏，睚眦之怨必报"；一方面，范雎富于深谋远虑，能够忍辱负重，闯过所有艰难险阻，最终成就了自己的功名大业，而另一方面，范雎则对过去的恩怨耿耿于怀，设计杀仇。三言两语之间，没有人能够说清楚，这范雎到底是何种人物。

范雎在表面上放过了魏国、事实上放过了须贾之后，心中顿时又有些后悔了，只是他身为丞相，必然要一诺千金。不日，须贾便到了范雎之处，向他辞行。这几日给须贾的冲击实在是太大了，如今大梦方醒，他可再也不愿意久留在此地，唯恐范雎一反悔，自己就要客死异乡了。昔日楚怀王都能够被秦国弄死，自己一个弱小国家可有可无的人物，死在秦国还不是如死一只蚂蚁一样简单。

范雎见状，心中顿时一突，遂心生一个妙计：既然须贾就要离开秦国，范雎作为故人，感念故主之情，必然要为须贾送行的。此外，秦王委托范雎，全权处理此事，须贾又是魏国的使者，于公于私，一顿送别的饭菜是必然不能够少的。

范雎在丞相府大宴诸侯之使，丞相府一片歌舞升平，盛世繁华，宾客济济一堂，觥筹交错，热闹非凡，初入相爷府，须贾便油然而生一股感激之情和敬仰之意。不禁在心中暗叹，自己真的是以小人之心度君子之腹，这范雎大度能容，昔日一点小事，怕是自己不来，他都会一笑置之了。

岂料范雎只顾着将其他宾客安排落座，与其推杯换盏，谈笑风生，竟然在不知不觉之间，忽略了须贾一行。须贾虽然心中疑惑，但还是暗自安慰自己，这范雎定然是酒过三巡之后，忘记了自己一行，大人物大多是这样的，这就叫作贵人多忘事，他们应该给予理解。

直到范雎酒意渐浓之后，须贾才确信，这范雎并没有和他一笑泯恩仇。

因为，范雎直接将须贾安排在阶下，并派两个犯过罪的人坐在他两侧服侍他，席上食物十分简单，只备些炒熟的料豆，两个服侍之人竟然用手捧喂之,如同喂马一般。这事情摆明了,就是范雎在侮辱他,任何一个人都能够看出来,须贾怎么会不明白呢?

只是须贾明白归明白,脸上却不能够表现出半点不快,这就叫作:人在屋檐下,不得不低头。众宾客见此情况,都感到十分奇怪,范雎声泪俱下地把旧事诉说一遍,众宾客大多是趋炎附势之人,见状连忙指责须贾、魏齐和魏国的不是之处,同时大声称赞范雎,是个君子有大海一般的度量。范雎挥手,止住大家或者谩骂、或者称赞的话语,声嘶力竭地对须贾喝道:"在本相的斡旋下,秦王答应了魏国的求和要求,但是这并不代表本相已经将魏齐之仇忘记的一干二净,暂且留你一条蚁命,是要你回去告诉魏王,速将魏齐人头送来。否则,我将亲自率兵,兵临城下,屠戮大梁,那时再要反悔,恐怕为时晚矣。"

须贾闻言,顿时吓得魂不附体,连声诺诺而出。

须贾归魏,将此事告知魏王。魏王正在犹豫,到底要不要将魏齐的人头献上,魏相魏齐便丢了相国的印信,逃跑到了赵国的平原君处。因为魏齐知道,当今秦国强盛,天下之大,少有能够与之匹敌的国家。魏国国王虽然一时之间因为自己地位尊崇、功劳巨大而犹豫不决,但是迫于形势,自己如果继续待在魏国,性命迟早不保。而东方六国当中,唯有赵国还有能够与秦国一拼的实力,平原君也是个重视承诺和义气的人。昔日自己就和平原君交好,只要自己逃到赵国,平原君定然不会见死不救。

果然,魏齐到了赵国,受到了平原君的厚待。只可惜,魏齐的好日子并没有持续多久，后来范雎为了报仇，将平原君诱到了秦国，并扣为人质。秦国随即向赵国发出最后通牒，其间说及，如果赵国不将魏齐的人头送到秦国，平原君就不会被放回赵国。魏齐走投无路，只能仰天长叹一声，拔剑自刎。

## 暴风雨前的平静

范雎将须贾羞辱一番之后,让他回到了魏国。他知道,从今以后魏国魏齐、须贾等人,已经不是他的敌手。须贾也就罢了,魏齐之死是迟早的事情。

然而,他似乎忘记了一件事情,那就是他的两个至交好友。第一个是郑安平,没有他范雎性命不保,更不用说什么功名大业了;另一个自然是王稽,没有他的引荐,范雎如今可能还在乡野草莽之间,一日三餐可能不成问题,但要做到如今这般呼风唤雨,就如同痴人说梦了。

然而,范雎成了张禄,做了丞相,他二人却一点也没有改变。

一日,王稽突然来到了范雎的府上,对范雎侃侃而谈,说及王稽从政多年,不可预料的事情,主要有三件:如果自己死了,那么一切事情都难以预料;如果郑安平死了,一切事情还是难以预料；如果范雎死了，一切事情更加难以预料。将范雎弄得云里雾里。只听王稽继续说及，如果王稽突然死了，范雎只能叹息而无可奈何；如果郑安平突然死了，范雎只能遗憾而无可奈何；如果范雎突然死了，那么王稽和郑安平都只能遗憾而无可奈何。这下范雎听明白了，才暗道，自己一向自诩滴水之恩当涌泉相报，如今自己大业初成，怎么能够不报恩呢？只是他知道，这二人虽然对自己恩同再造，但是却难堪大任，叫自己如何是好？

最终，范雎还是决定，向秦王保举他二人，成不成就看天意了。于是，范雎向王稽保证，自己一定不会辜负王稽他们的恩德。果然，范雎没有食言，没过多久，他便到了秦国王宫，晋见秦昭襄王，奏道："臣下本来是魏国一个亡命天涯的人，旦夕之间就有梦断黄泉的危险，如果不是王稽忠于大王、忠于秦国，将臣下带到秦国，则一定没有今天的范雎；如果没有当初的郑安平不顾性命，将臣救出，臣下今日也不可能有如此幸运来侍奉大王；如果不是他们，臣下就断然难以遇见如此英明圣哲的秦王，臣安能享受如今的富贵荣华呢？然王稽至今仅为一个小小的谒者，当年救臣于水火之中的郑安平还是一介平民，臣做了一人之下万人之上的丞相，却不能够有恩报恩，心中实在是愧疚不已，请大王恩赐。"

秦昭襄王心想，范雎的功劳不可谓不大，这二人既然如此忠义而有见识，做个一般的官员也应该不会出什么大的问题。遂准其奏请，任命王稽为河东太守，三年之内不需要国家对其进行考核；任命郑安平为将军，希望他能够在战场上为秦国争光。只可惜，这二人都是扶不起的阿斗，后来，在范雎的保举下，郑安平代替白起攻击赵国的邯郸，却被赵国来了个反包围，最终率领属下两万人马，投降了赵国；而另一个人，王稽，在魏国和楚国联军攻击秦国临汾的河东郡之时，害怕临汾失守，竟然暗自和诸侯私通，终被发现而死。

两个人的不臣之举，对于范雎的打击是巨大的。早在商鞅变法之时，秦国就立下了法令，如果当事人犯了罪，则举荐之人与当事人同罪。依照法令，范雎更是要遭受灭族的惩罚。而当时，魏王因为害怕秦国，已经将范雎的家人送到了咸阳，可想而知，当时如果秦王下令依法论处，范雎难逃被灭族的下场。

然而，秦昭襄王出于对范雎的信任，将所有的流言蜚语都压了下去：敢擅自议论郑安平之事的人，和郑安平一样论处。费了九牛二虎之力，这件事情才在秦昭襄王的强权下压了下去，试想如果宣太后、魏冉等人如果还在当政，范雎定然不死也要脱层皮。

一波未平一波又起，就在郑安平的事刚刚平息之后，王稽之事又发生了，这让范雎一蹶不振。

想当年，魏齐对他百般凌辱没有压垮他；须贾恶语中伤他，也没有让他消沉；到达秦国之后不得志也没有灰心；魏冉、宣太后权大也没有让他恐惧；即使是号称天下无敌的战神白起，还不是被他玩弄在股掌之间。只有这两个人，在他的一生中，被引为心腹和知己，却在一次又一次变故中，让范雎失魂落魄。

范雎的未来，究竟应该走向何处？

花开两朵各表一枝，在范雎报仇雪恨、有恩报恩等所有事情完成的同时，还有另外一个人，让范雎的一生颇富争议。这个人就是被范雎玩弄于股掌之间的战神白起。

在范雎廷辱须贾、赚杀魏齐之后，白起就认识到范雎是个度量很小的人。范雎和白起不一样，白起作为一个将军，只要建立威信，百战百胜就可以了。而范雎则是处于钩心斗角的中心地带，当时范雎位高权重，一人之下，万人之上，心胸狭小的他最后竟然发展到嫉贤妒能的程度，给他造成了另一种并不光彩的形象。而白起，则是一个大大咧咧的人，对于玩弄阴谋诡计的政治权谋没有任何兴趣。当然，这并不代表白起对于政治就没有一点认识，也不代表他会在军事上和别人真刀真枪地正面交锋。

他相信：兵者，诡道也。政治上的单纯和军事上的灵活，让白起成为了战国难以超越的一个神话。

军事上的权谋也间接地影响了白起的政治观念，他不会甘心就范，或者死于政治的漩涡之中。他知道自己的处境，当初魏冉能够不顾一切地提拔他，固然是因为他有着一般人不具备的军事才能，但是更加重要的是，他可以作为魏冉等人不可告人的政治目的的重要筹码。他知道，随着秦昭襄王的崛起特别是范雎的加入，秦国必将面临一场风起云涌的角逐，事后谁胜谁负他不在乎，或者他更加偏向于秦王，因为秦昭襄王毕竟是秦国的正统。

所以最终，白起决定和魏冉划清界限。当然，除了上面的因素外，白起还有他更加单纯的政治思考：

第一，白起效忠的既不是魏冉，也不是秦昭襄王，而是秦国，他只会做忠于秦国的事情，这一点是他的行事准则；第二，白起一直遵循秦人一贯的排外传统，对于魏冉、宣太后等人，他一直是以一个外人的身份看待他们的。

战国的确是个非凡的时代，军事上运筹帷幄；政治上纵横捭阖；学术上也是百家争鸣；就连任用人才，也是一波三折。它重视人才的作用，但是绝对不会因为一个重要人物而放弃前进的步伐。以当时最为风华绝代的秦国而言，在秦国政治舞台上有许多发挥过重要作用的非秦国人，然而，每一个人在大放光彩之后，却难得到善终。

商鞅、张仪如是；魏冉、范雎如是；吕不韦、李斯也如是。或分尸，或出逃，或放逐，或服毒。结果看似各异，实际上都是惨淡收场，而秦国却依然生机勃勃地向前迈进。

秦人确实是中国历史上一个非常特殊的族群，成为当时战国的典范。一方面秦国人积极招揽各国人才，利用他们的才能来为秦国服务；另一方面他们却打从内心深处抗拒外来的六国之人，自始至终，秦人都是排斥他们的，因此，每次到了关键时刻，秦国人都会毫不犹豫地选择和老秦人一起引吭高歌：赳赳老秦，共赴国难。

毫无疑问，魏冉对白起有知遇之恩。可惜，在白起的眼中，魏冉始终不是秦国人。无论是对于老秦人、对于白起、对于秦昭襄王甚至整个秦国，魏冉都是一个外人。所以白起最终选择了离开魏冉，不是因为他知恩不报，而是秦国人的传统思维在作祟。

除此以外，白起是个军事家，只有战争才是他实现人生价值的最好舞台。然而,魏冉攻打齐国的策略,却在不知不觉之间,和白起的主张相左了。要知道,白起最想对付的敌人是赵国,他一生当中,引为最大对手的,不是秦昭襄王,不是魏冉,更不是范雎,而是赵国那位声名显赫的老将军——廉颇。

而廉颇虽然老了,却还有另外一个人脱颖而出,他即是能打败秦国大将胡伤的那个马服君赵奢,在白起的眼中,他已经把赵奢当做了自己眼下的对手。高手都是寂寞的,为了和同等高手一决胜负,他们宁愿背弃一切、只求一败。

可惜,白起不知道,最危险的敌人,不是看得见的,而是隐藏在自己身后,看似和自己最为亲密,而随时准备趁自己没有防备,给予自己致命一击的人。恰如当初的魏冉一般,白起也没有料到,这个从茅厕里爬出来的人,竟然会成为自己走向黄泉的引路人。

# 第四章

争夺上党，秦赵再较量

# 白起之刃

秦昭襄王深谙用人之道，纵观整个战国历史，似乎只有秦昭襄王，在唯才是举、文武搭配上做得最为出色。自从魏冉等人淡出秦国的政治舞台之后，白起就不再是宣太后政治集团的人，当然他也不是秦昭襄王的人，而是秦国的人，能够让他忠心的唯有秦国本身。

可是秦王需要的人不仅要忠于这个国家，还要忠于他个人。因为只有这样，秦国才能够不断强盛，他才能够将权力掌握在自己的手中，所以范雎的出现让他实现了这一愿望。

白起和范雎之间，与其说是政治上的争斗，不如说是忠于个人还是忠于国家的争斗。在那个时代，王权是高于国家权力的，依此几乎可以断定范雎和白起的不同结局。

范雎在重视国家利益的同时，更加注意维护秦王和自己的利益。而白起则不同，他所有的心思都放到了攻灭六国、实现天下一统上。

而阻挡白起实现这个宏图伟愿的最大绊脚石就是赵国,他知道自己和赵国必将有一个决定战国未来命运的战略大决战。秦国胜利,则终结战国的必将是秦国;反之,如果赵国胜则赵国必将主持将来的战国局势。至少,秦国经此一役之后,需要经历很长一段时间才能够重新恢复生机……

当时,魏国连番损兵折将,韩国空有其名,楚国已经没有了任何威胁,齐国正和秦国交好,正是秦国攻击赵国的最佳时机。

白起之所以能够战无不胜攻无不克,在于他能够在战前做充分的准备。从前白起之所以能够率领区10万将士便能够横扫天下,动辄砍头几十万,就在于那些国家在很多方面赶不上秦国。但赵国的实力却不可小觑,当时赵国的军事实力与秦国相差无几,无论是在兵力总数、兵源配置、战将谋略等,赵国都能够和秦国一较高下。

白起与赵国大战一场的愿望一直未能实现,原因之一是没有碰到强劲的对手,白起与赵国军队虽打过几仗,却未曾和他心中最大的对手廉颇交手,等到白起成了天下名将,廉颇已经开始淡出赵国的军事舞台;另一原因则是没有碰到合适的地方,白起用兵讲究出其不意,掩其不备,而往往在这些过程中,与魏国、韩国的兵力胶着在一起。

所以,白起一直在等待"天时、地利、人和"。"天时"者,就是要恰当的时机出击,如今已经具备了;所谓"地利",则是需要抢占有利的位置,如今秦国和赵国各自凭借着坚固的城池相互对峙,"地利"上秦国还谈不上优势;所谓"人和",秦国自然众志成城要打击赵国,这时六国之中的赵国已经被成功孤立起来,只是眼下赵国国内民心尚稳定,"人和"上的优势,还不是很明显有效。只有"天时、地利、人和"三项齐备,白起才会选择给赵国致命一击。

白起的战略战术通过阏与之战、华阳之战、攻灭楚国等战役已经表现得很明显。

第一,白起作战坚持的是打歼灭战的思想,所以他的目标不仅仅是攻城夺地,还要歼灭敌人的有生力量。白起作战的突出特点是善于野战进攻,战必求歼。这和后来的飞将军李广、西汉卫青、大唐李靖等历史名将的作战方式有异曲同工之妙。很善于打歼灭战的白起,将围歼战术运用得很出色。

第二,为了消灭敌人的有生力量,白起更加强调追击战,对兵书中所言"穷寇莫追"根本不屑一顾。因为他早就做好了完全的准备,即使敌人有伏击,他也能够将计就计。所以每次作战后,白起还会对敌人穷追猛打,与商鞅的"大战胜逐北无过十里"(《商君书·战法第十》)的战略思想大相径庭。

第三,白起重视野战筑垒工事。战争中经常需要诱敌军走出营垒,继而在预期歼敌地区筑垒阻敌,并布置重兵防止败军突围。此种以筑垒工事作为进攻辅助手段的作战方法,可谓前无古人。

第四,在战前进行精确料算,这是军事家最神往的境界——料敌于先。不论敌我双方政治、经济、军事、国际国内局势如何，白起在战前都会对其进行精确的料算。他往往能够一针见血地指出关键所在，能"未战即可知胜败"(《战国策·中山》)。所以太史公司马迁在《史记》中，毫不吝啬地称赞白起为"料敌合变，出奇无穷，声震天下"。

有如此四点，再加上以往的战绩，白起被称为"战神"实在是实至名归。而这个名号远远不止于简单的一个称号，它带来了巨大的连锁反应。许多将领只要一听闻是白起亲自领兵作战，便会闻风丧胆，最终不战而逃。这个时候白起就会发挥他的优势——穷追猛打。于是，很多战场都出现了这样一个情景：一方丢盔弃甲，狼狈而逃，并且最终一个个倒了下去，虽然所剩无几，依然被屠戮；而另一方人马则不顾一切地收割着他们的人头，丢了上衣盔甲，只拿着大刀如屠猪宰羊一样，在战场上发疯似的追击。

最终，所有国家的所有部队，都成了白起选择的猎物。但他选择的首要猎物是韩国。首先打击韩国，不仅能够抢占有利的地形，夺取肥沃的土地，还能够将一支利剑戳在赵国的鼻梁跟前。如此，战争的主动权就掌握在了秦国的手中。

在公元前264年，白起攻打韩国的陉地（今山西曲沃），韩军不敌，白起一路攻克了5座城池，5万韩军被斩杀。次年，白起又率领5万兵力攻击韩国的南阳，韩国的太行道在一把大火中被断绝。从此，韩国与魏国的道路被彻底阻断，陷入了岌岌可危的境地。

白起此举战略意图明显：巩固邢丘、怀邑、太行山一带的防线，以切断韩国和魏国的联系，进而掌握整个三晋之地的局势变动。

又过了一年，白起再率部攻克了韩国的野王（今河南沁阳），切断了韩之上党郡同韩国的联系。这样一来，上党（今山西长治）就成了韩国悬于境外的一块飞地，顷刻之间就会被秦军灭亡。

上党地区是秦国和赵国争夺的关键地带。《荀子》称上党为"上地"其意思就是指高处的、上面的地方，即"居太行山之巅，地形最高与天为党也"。而《释名》对上党一地的解释是："党，所也，在山上其所最高，故曰上党也。"上党地区地势险要，古时一直为兵家必争之地，"得上党可望得中原"是当时最流行的说法。除此之外，上党还是传说时代中华文明的发源地。尧舜禹、夏商周，各个时代的都城都大多围绕上党建设，而且每个都城之间相隔不过百里。向西，就是临汾盆地，为尧都平阳所在地；向东再行走百里之地，则是殷商都城安阳；向南则是夏朝都城阳城、周代都城洛阳；向西南则是舜都蒲坂和大禹都城安邑，也就是著名的运城盆地。到了春秋时期，周王室衰微，群雄并起，韩、赵、魏三晋之国都在此地同时设置了自己的郡，而且都为其命名为上党。即韩国上党、赵国上党、魏国上党。

上党地区位于今天山西省的东南部，主要为长治和晋城两座城市，它身处高地，却在群山的环抱之中。它的西南部为王屋、中条两座大山，与今河南省分界；东部与东南部是太行山脉，与今天的河北、河南两省分界；北面是五云山、八赋岭等山地；西面则是太岳山脉。由此可见,其地势十分险要,易守难攻。

清代狄子奇《国策地名考》对上党的解释是"地极高,与天为党,故曰上党"。苏东坡也在诗词中赞叹道:"上党从来天下脊。"

当时从上党可俯瞰中州,其与河东、并州相连,是当年晋国咽喉的咽喉之地。由此可见,秦国如果能够得到上党,退可以依仗太岳山,一夫当关,万夫莫开;进可以攻击韩国都城新郑,威慑魏国都城大梁,威胁赵国战略重地长平。秦军对此地势在必得,到时白起就能够实现和赵国军队的真正决战。

兽纹铜镜  战国

编钟  战国

# 天上掉金山

当时不只是秦国想要夺取上党,进而进取中原大地;赵国为了与韩国和魏国一起抗拒秦国的入侵,也在积极筹措控制上党的活动。秦国正准备在接下来的战役中实现两个战略意图:谋取上党,打击赵国。

上党的守卫者是冯亭,他虽然仅仅是韩国在上党的一个郡守,却并不是泛泛之辈。他对时局有着很清晰也很现实的认识。他知道他正面临着三种选择,要么率领为数不多的韩国军队积极抵抗,与上党郡共存亡;要么联合赵国或者直接投降赵国,与之一起抵抗强大的秦国;要么向秦国投降,将上党之地献出。比较之下,似乎第二种选择是上策。韩国已太弱小,无法与强国匹敌,只能在赵国和秦国之间的夹缝之中求得生存。

当时天下只有赵国有实力能够和秦国抗衡。韩国若与赵国在上党共同构筑高深的城池,也许能够抵抗秦军的攻击。多年以来，赵国为了保存自身实力，一直对秦蚕食三晋持克制姿态，尽量避免与秦决战。这样做的效果是很明显的，赵国成为东方六国中军事实力最为强大的国家。秦国知道若与赵决战，就会杀敌一千自损八百。经年大战的秦国，国力消耗甚巨，关中男儿死伤无数。而赵国则乘此机会加紧积蓄实力，此消彼长之下，秦赵的强弱很快就会见分晓。因而，秦国需要尽快寻求和赵国的决战。

冯亭看出此时的秦国之所以如此步步紧逼，就是为了让赵国参战。既然两国决战终不可避免，倒不如让这一场大战提前爆发。鹿死谁手固然不能够预料，但是可以预见的是，韩国就此不用在秦国和赵国之间左右为难。

一番分析后，冯亭不等韩王同意，直接派遣使者拿着上党郡的地图，到了赵国都城邯郸。

据史书记载，就在冯亭做出这个决定的同时，赵孝成王竟然做了一个奇怪的梦。梦中，赵孝成王看见满天的彩云向自己飘来，不久又向两旁散开。紧接着，一条五爪金龙从天而降，直接飞腾到赵王的脚下。于是，赵王骑着金龙飞向碧蓝如洗的蓝天。然而，到了半空金龙忽然消失，赵王开始往下坠落。在他坠落的过程中，一座金山矗立在眼前，熠熠生辉，赵王在这时醒了过来。

所谓：日有所思，夜有所梦。东汉时期的王符就认为："人有所思，即梦其到；有忧，即梦其事。"又道："昼夜所思，夜梦其事。"还说道："孔子生于乱世，日思周公之德，夜即梦之。"列子也认为"昼想"与"夜梦"是密切相关的。明代的熊伯龙亦认为："至于梦，更属'思念存想之所致'矣。日有所思，夜则梦之。"

同时代的思想家王廷相也认为："梦，思也，缘也，感心之迹也。"

也许，赵王是出于对赵国前途的思虑才会投射出这个梦境，但它到底暗示着什么，赵王也不得而知。于是，他便在早朝之时将这一梦境告知了群臣，令其中的有识之士对这一梦境进行解析。

大夫赵禹上前说道，这是大吉大利的象征，双手分开，分而必合，这代表三晋之地又将变成统一的一体；乘龙上天游，代表着赵国必将飞黄腾达；坠落便能够得到土地，又碰见一座金山，大王不是要发大财了吗？

赵王大喜，又转而向赵国专门负责占卜的官员问卜吉凶。那名官员听了赵王的叙述大惊失色，说乘龙上天游本来是一件好事情，只可惜到了半途却摔了下来，而金山不过是个虚化的东西，看得见却得不到。

此人和赵禹所言简直大相径庭，这让赵王左右为难，心中忐忑不已。本来是一件很平常的事情，却将赵王弄得心绪不宁。就在此时，上党郡郡守冯亭派遣的使者来到了赵国都城邯郸。

使者一见到赵孝成王，便迫不及待地说道："秦国正在猛烈地攻击韩国，眼看着上党就要成为秦国的土地。然而韩国的军民都不愿意在秦国的压迫下苟延残喘，而是愿意沐浴在赵国强盛的光辉下。整个上党郡有城邑17座，韩国愿意将之全部献给大王！"赵王听闻此事，不禁大喜过望，天下间竟然有如此"天上掉馅饼"的好事。没有想到自己做的梦正应了赵禹的解说，不过才几个时辰的时间，上天便给赵国送来了梦寐以求的上党。赵国从此进可以攻击秦国，退可以扼住三晋之地的咽喉，说不定最后夺取天下的就会是赵国。上党会是赵国走出三晋之地,掌握整个战国进程的关键所在。

正在这时候,赵孝成王的叔父平阳君赵豹来了。赵王急忙与他商量,他认为赵国应该马上出兵,接受韩国献给赵国的17座城池,以后赵国便可以大展拳脚,大展宏图。

岂料赵豹不但没有高兴的意思,还直接给赵王泼冷水。赵豹认为若赵国可以如此轻易地得到上党,定然是事出有因。当前的形势很明显,秦国对于上党花费了大力气,有势在必得之心。倘若赵国将上党夺来,秦国定然不会甘心。冯亭此举,是要驱狼搏虎、祸水东引,进而借用赵国的兵力抵抗强大的秦兵。他的真正目的不是向赵国靠拢,而是借赵国之力保卫韩国。

只是赵孝成王自即位以来一直没有建立什么功勋,能够有如此好事让他坐享其成,即使有危险,他也甘愿冒险。于是,赵孝成王转头找平原君赵胜,看他能不能够给自己一些更加有见识的建议。

赵胜自然明白赵王的心思,他知道,其实赵王早就做好了接收上党的准备,现在需要的是一批支持自己的人和一个出兵的理由。赵胜已经清楚地看到了这一点,既然劝不动,索性就顺水推舟。

赵胜在见赵王之前已经考虑了很多,所以赵王一开口,赵胜便直接应答:"这是好事,要了也不是一件坏事。如果经营得好,说不定赵国还能够凭借这一次机会崛起。多少年以来,赵军屡次发百万大军进攻别的国家,想要夺取一两座城池,但是每次都是无功而返。现在赵国能够不费吹灰之力,坐收17个城邑,何乐而不为呢?上党是古来兵家必争之地,一旦被秦国占领,则赵国的邯郸就会直接暴露在秦国的铁骑之下。邯郸贵为赵国的国都,南阻漳水,西恃上党而守太行。现在魏国的河内已经被秦国占据,如果上党也被秦国占据了,赵国再想与秦国争夺太行之地,就会难上加难。到时秦国居高临下,整个中原就成了秦国的板上之肉。因此,与其让秦国轻易地获取上党,不如率先占了这个战略要地以巩固邯郸。赵国如今兵强马壮,即使秦国要决战,赵国也不必惧怕。赵国即使没有获取上党,当秦军占领上党后,也必将出兵直入三晋之地,到时还是要和秦军一战。"

赵胜这样一说,赵国上下顿时豁然开朗,文武百官的意见趋于统一。于是,赵国决定就此出兵占了上党。此次带兵之人就是支持出兵的平原君赵胜,赵王命他率军5万,前往上党收地。赵胜来到上党后,第一件事就是向冯亭传达赵王的旨意,将其封为华陵君,给他食邑3万户;此外,赵王还将17个县令封为侯,分给他们食邑3000户,吏民们全部晋爵三级,赏金6两。

赵胜认为,受到如此厚待的冯亭一定会感恩戴德,痛快地将上党交付给赵国。岂料冯亭却闭门不受,甚至都没有见一面赵胜。他甚至哭着说:"吾卖主地以求富贵,是为不忠也!"他还言辞凿凿地列举了自己的三个大不义。不义之一,冯亭没有经过韩王的允许,便将上党献给了赵国;不义之二,赵王给冯亭如此高官厚禄,冯亭实在是受之有愧,因为这是他依靠卖主求荣而得来的;不义之三,韩王把冯亭当做心腹,将如此重要的战略重地交给他,他却没有依据上党的险要而拼死防守。

冯亭此举,使平原君赵胜有所触动:没有想到冯亭竟然是一个忠臣。

实际上,冯亭之哭是另有原因的。这一切的因由,不仅是他对韩国不忠,还因对赵国不义。将上党郡17座城池交给了赵国后,秦国会将赵国看做仇人,而其他国家也会心生嫉妒。如此一来赵国便被摆到了一个"不道义"的窘境上,其他国家即使不来攻打赵国,也不会在秦赵两国的争斗中给予赵国援助。

但是历史学界对于冯亭的所作所为还有另外一种解释:冯亭不仅是对韩国不忠,更是对赵国的不忠。其实在这以前,冯亭早就和秦军暗自联系。秦军的首要作战目标是赵军,献上上党,正是为了引诱赵军前来。秦国此刻的军事战略其实是很矛盾的,它既想和赵国发生正面较量,又对赵国的实力存有疑虑。因此,秦国下了血本,收买了冯亭,令其叛韩继而向赵国诈降,最终将赵军引到秦军的包围圈之中,对其进行伏击。

这种猜测不是没有依据:冯亭之后冯毋择、冯去疾、冯劫三人皆在秦朝入相为将,就在一定程度上证明了这种猜测。

如果这种猜测是真实的,那冯亭的心机之深沉,谋略之可怕,实在是让人不寒而栗。只是此刻赵军只有满心的欢喜,哪里会考虑到这一层呢?历史记载,平原君在城门外等冯亭哭了三天三夜之后,进驻城池。赵胜向冯亭保证,赵军一定会全力以赴保卫上党。而冯亭也表示,高官厚禄不重要,只要上党还在韩国或者赵国的手中,三晋之地就能够确保安全。

## 舌头比刀锋更硬

秦昭襄王嬴稷、武安君白起、丞相范雎，这三个在秦国左右政局、呼风唤雨的人物，在大殿之上进行着激烈的争论，其焦点就是当前的上党问题。

早在平原君赵胜抵达上党城门外时，秦国强大的情报组织就将韩国冯亭投降赵国的消息报知了秦王。秦王闻讯后，心中大惊。上党可是秦国打击赵国，获取战争主动权的关键所在，得与不得关系巨大。赵国并不是易与之辈，秦军要寻求与之决战就必须要掌握一切有利因素。如今赵国得了上党，很明显增加了秦国攻打它的难度。

事态如此严重而紧急，秦昭襄王只好将朝中大臣都召进宫来，一起商量对策。

左庶长王龁作战骁勇，性格也是比较暴躁，见大家都在沉思无人发言，于是首先说道："依末将看来，商量完全没有什么必要。反正秦军最终都要和赵军一战,现在不去攻打它,等到将来它站稳了脚跟,秦军就处于被动了。眼下秦军攻击的关键就是上党,只要攻克了这个地方,赵军的优势就会变成劣势。现在赵军率先出了手,秦军正好名正言顺地收拾赵军,不叫别人小瞧了大秦的将士。"(《史记·白起王翦列传》)

秦昭襄王何尝不知道此刻秦军已经是箭在弦上不得不发!上党一战不可避免,但是上党对于赵国,对于秦国,对于三晋之地甚至对于整个中原,都十分重要。因此此一战只许胜不许败。为策万全,秦军一定要挑选合适的将领,用最有效的战略战术。

王龁与范雎交好,加上很有将才,很得范雎器重。范雎见王龁平时一言不发,这时却主动进言,看来他想获取这个天大的功劳。而范雎和白起之间却没什么交往,范雎甚至将其视为最大的政敌,所以与其让白起去领功,不如顺水推舟举荐王龁。如此一来,王龁便能够从心里感激他,同时也可以打击白起。

于是,范雎发言道:"王龁之骁勇,在秦军中可是众所周知,即使是其他国家,闻王龁之名也如雷贯耳。依臣看,王龁是这次出征攻打上党的最佳人选,大王大可以派遣他去。"

听完范雎此言,武安君白起顿时面色一沉,范雎让王龁主军,明显是要架空自己,让自己空有一身抱负却无法施展。秦军胜利了也就罢了,顶多自己没有半分功劳;但若是败了,可就是关乎秦国千秋万世的宏大基业的事情,那时候再回头为时晚矣。

秦昭襄王也是心存顾虑,见白起面色不善,便出言缓和道:"王龁资历尚浅,将来还有更多让他大展拳脚的地方。依寡人看,武安君白起出马，才能够万无一失。上党一战关系着秦国未来的战略计划的成败，万万不可以掉以轻心。"

范雎笑了笑，继而说道："杀鸡焉用牛刀？武安君连年作战，早已经是人困马乏，大王何不念在武安君立下赫赫战功的分上，给他机会好好地休息一阵，同时也算是给年轻人一点机会，为秦国的未来储备人才。"

听罢此言，其弦外之音，白起自然清楚明白。他是一个军人，如果军人不参加战争，那就是一生的悲哀，范雎却让他休息。如果王龁胜利了，此后的秦国便不需要白起出手了。这不是要将白起像神一样的供起来而是像废物一样的丢弃。所以，白起终于忍不住出言争辩道："丞相的关心，白起铭记于心，只是丞相久居朝堂，对于打仗的事情，没有我等这帮军人来得清楚明白。赵国军力之强，韩、魏两国万万不能比。赵国更有赵奢、廉颇等名将，就是白起与他们相比也就在伯仲之间。所以此次出征，非我白起莫属，王龁之才我自然心知肚明，只是此次战役关系重大，王龁大可以做我的副将，随同大军前往，到时，白起定然会给他一些斩将立功的机会。"

范雎自诩辩才天下无双，没有想到这武安君平时没有什么话，这时候竟然说出一大堆道理来，这倒让范雎刮目相看。当然范雎既然下定决心不让白起做主将，就万万不会中途放弃。于是，范雎继续说道："武安君大可不必如此谦虚谨慎，你只知其一不知其二，赵奢之前是曾击败过我军，甚至我军的精锐也被他打得落花流水。然而，据我所知赵奢其实在几个月前就已经病死了,他对于秦军已经造不成任何实质性的威胁。虽然廉颇尚健在,但是依臣看来,他一直没有和秦军正面交战而只会和齐国、魏国等不堪一击的兵力打仗的原因,很可能是出于对秦军的惧怕,武安君大可一笑置之。凭借王龁的才智,打败赵军并非难事,武安君大可以放心。"

见范雎并不死心,白起也暗自和他较上了劲,他知道此刻自己只有冷静下来,才能够让这个素以雄辩著称的范雎心服口服。

白起沉思一会儿,井井有条地说道:"丞相所言,白起岂能不知道?然而,丞相却只知其一不知其二。赵奢的确已经死了,然而赵奢和廉颇这二人,是一个善于攻城,一个善于守城。如果赵奢被派遣来了,对秦军而言其实是一件好事。但是赵国不会坐以待毙,既然赵奢已经死了,那么廉颇必来,廉颇若来,赵军就会在他的领导下龟缩不出。依照秦军目前的状态,只可以寻求和赵国的速战速决,廉颇一来就会将本来的一场遭遇战演变为消耗战。这样耗下去,会耗费多长时间,是谁也难以预料的。而我军孤军深入,距离自己的腹地有千里之遥,几十万大军在前方要吃要喝,我国的国力必然难以支持。虽然我大秦的国力比起赵国而言要强盛一些,但是东方另外几个诸侯国可是虎视眈眈,一旦他们回过神来就会落井下石。到时候就算赵军被秦军打败,秦军也会因耗费过多的人力物力而自损,这是谁也不愿意看到的事情。"(《史记·白起王翦列传》)

话说到这个份上,秦昭襄王自然明白了事态的严重性,也明白白起并非危言耸听,他所说的这种情景,是很有可能发生的,也正是秦王最不愿看到的事情。但是范雎所言也不无道理，且听范雎是如何进一步阐释的。

范雎自然明白白起的担忧，可范雎却不以为然地说道："武安君未免太过长他人志气灭自己威风了，稍有见识的人都知道，这廉颇不过徒有虚名，绝非我大秦劲旅的敌手。退一万步说，此事若真如将军所言，那将军就更不能去了。大家想想，武安君白起名震四海，天下谁人不识君，只要一听说是您出马，六国将帅必定人人束手，无一人敢接帅印。廉颇也一样，要是知道是白起率军，更加会发挥自己的长处，龟缩不出了。"

秦昭襄王也知道范雎此言，可谓胡搅蛮缠。白起的分析才是有理有据，但是没有办法，比起范雎来，秦昭襄王对白起不够信任。因为之前白起是魏冉的人，之后虽一步步脱离了魏冉的阵营，但他终归不是秦王亲自提拔起来的心腹。一个号称战神的人能够在战场上纵横捭阖，决胜千里，却不懂得朝堂之上的风云激荡。君主需要他的时候，他是座上宾，但是一定要懂得进退，否则就会功高震主，引来君主的猜疑。

所以秦昭襄王很自然地站起来认真地说道："众爱卿少安毋躁，寡人看来，武安君和丞相都说得有道理。但是两害权衡取其轻，姑且就如丞相所言，派王龁前去先试探一下赵军的实力，若赵军当真厉害而秦军不敌，武安君正好可以到那时大展拳脚！"

无论白起如何的能征善战，在政治上也敌不过范雎的巧舌如簧；同样，无论白起如何的战功卓著，他都会受到君主的猜忌。最终，白起只能听从秦昭襄王的命令。

公元前262年，秦左庶长王龁奉命率30万秦军攻打上党，上党郡守冯亭苦撑了两个月，期间秦军一直没有放松对上党的猛烈攻击。平原君赵胜到了上党也只是有名无实，并没有带来多少兵力，如果双方一交战便胜负立判。所以他只能到城池中等待援军得到来，只可惜，赵军援兵迟迟未至。冯亭无奈之下，只好带着上党的残兵败将和逃荒的百姓，一起逃往赵国。直到这时候，赵将廉颇才带着20万兵来援上党，然而为时已晚，上党早就已经落入了秦军的手中。冯亭和廉颇在长平（今山西高平）会师时，廉颇才得知上党已经失守。

赵国众位将领商议决定，在长平筑垒坚守，与秦军对峙。

至此，秦军终于得到了白起所说的天时和地利两种有利条件，上党落入秦军手中，实现了白起梦寐以求的愿望，一场大战一触即发。

# 第五章
## 相持长平,赵国遭逢梦魇

# 结束在开始之前

自公元前264年四月开始,王龁大军就开始进攻赵军,一直到了七月,双方大的战役总共发生了3次。四月,赵军和秦军交战,裨将赵茄在混战中被斩杀;两个月之后,赵军失去两个堡垒,四个尉官再次被斩杀,赵军陷入更大的被动;七月,依照廉颇的策略,赵军构筑了坚固的堡垒,与敌人周旋。但是在秦军猛烈的进攻下,赵军西边的壁垒被攻破,两个尉官又被杀。三次交锋均是以赵国的失败告终,秦军虽然没有给赵军造成实质性打击,但是可以看出,赵军的士气受到了极大的影响。如此硬碰下去,赵军最终必定难以抵挡。

廉颇身经百战,对这一切自然清楚明了。廉颇擅长防守而不是进攻,所以此时他要发挥自己的优势,以防守应对敌人的进攻。很明显,此时的秦军远离本土千里之外,自然难以持久作战,只要时间一长,秦军必然会被后勤不足所累,最终不战自溃。赵军就是依照这种战略使得秦军不得其门而入。赵军守，秦军攻，这种状态一连持续了3年之久。

但是赵国军队惊奇地发现，在如此不平衡的消耗之下，秦国竟然和赵国旗鼓相当甚至还有略胜一筹。要知道，秦国可是千里跋涉，而赵国则就在自己的家门口，这之间的差距，明眼人一下就能瞧出端倪来。渐渐地，赵国发现自己首先难以支撑下去，遂决定在政治外交上下工夫，迫使秦国退兵。

其实，在裨将赵嘉被杀之时，赵孝成王就已经是坐立不安了。当时，裨将可以说是除了主帅之外最大的军职。在秦军中，白起为主将之时，王龁便是裨将。赵国刚刚和秦军交战，便丧失了一等大将，战局很不明朗。赵孝成王自然十分着急，于是他决定御驾亲征，但是其手下的大臣楼昌、虞卿不答应。

关于楼昌和虞卿，历史对于前者的记述很少，只知道楼昌是赵国孝成王身边的近臣。但是虞卿可是个名士。赵孝成王初见虞卿之时，虞卿只是个没有名气的四方游说之人，但赵王见他很有口才，赐予了他黄金百镒、白璧一双。赵王第二次见到虞卿时，他已经凭借伶俐的口舌在列国中小有名气，赵王便封其为上卿，故名虞卿。他对于决定赵国命运的长平之战和邯郸之战，都提出了有思想的策略，足见其才能。后来，魏相魏齐逃到赵国，他也参与了拯救计划。后来由于被逼无奈，他只能抛弃高官厚禄离开赵国，终困于梁，遂发愤著书。著有《虞氏征传》和《虞氏春秋》十五篇，今天已经散佚了，其中《虞氏春秋》有清马国翰辑本。

而楼昌不过是个趋炎附势的谄媚之徒,他见秦军如此强大,便立马向赵王建议,既然僵持不下,不如遣使讲和,这样一来不仅可以解决眼前的困境,也可以避免秦国和赵国之间的损伤,其他国家也就不能妄图坐收渔翁之利了。而且,眼下秦国和赵国的实力对比很明显,最终战败的一定是赵国,与其一直被动下去,最终败亡,还不如现在就牺牲一点土地,以保存自己的实力。

即使赵孝成王再怎么昏聩,他也知道秦国此次前来就是抱着灭亡赵国有生力量的决心。虞卿在听完楼昌所言之后,提出了更为合理的建议:派遣使者前去楚国和魏国,以价值连城的宝贝前去贿赂他们。这样一来就会让秦国觉得,三个国家又一轮的合纵开始了。秦国制定的连横、远交近攻等策略,都是因为惧怕东方六国联合起来对付自己,战争的天平本来已经处于一个平衡,这时候任何一个小小的事件,都可能让这杆天平倾斜。

这时,虞卿的政策正是解决赵国危机的最好方案,然而昏庸的赵王却听不进任何中肯的语言。虞卿的意见被否,长平之战的结局也就确定了。

赵孝成王之所以没有接纳虞卿的建议,是因他认为自己有更加合理的方案。他不是去贿赂和联系楚国、魏国,而是派遣使者进入秦国,和楼昌所言相似,他要从秦国的最高决策层出发,向他们表达赵国人民希望和平,希望和秦国止戈息武的愿望。

秦军虎狼之师从西北千里跋涉,几乎是以倾国之力运输无数钱粮兵器,就是为了能够毕其功于一役,将赵国的主力彻底打垮甚至消灭,如今三年时间已经过去,秦国还没有取得任何突破性进展，怎么可能半途而废呢？

秦国虽然选择坐下来与赵孝成王谈判，但决然不会是赵孝成王想象的那样，与赵国握手言和。依照睿智的范雎和雄才伟略的秦昭襄王的设想，与赵国和谈简直是痴人说梦。因此，秦国的决策层必然酝酿着一个更大的阴谋。

虞卿看出了事情的端倪，他的心瞬时间便冷了下来，面色煞白，他知道赵国没有希望了。赵孝成王却还在虞卿面前沾沾自喜地说，虞卿的计谋简直是画蛇添足。

当赵国的使者还在咸阳城百里之外时，秦国便派遣车架来迎接，整个场面庄严而隆重。赵国使者入秦的消息被四面八方的探子迅速传播，东方六国已经传遍这个消息了，大家口耳相传：秦国和赵国已经和解，两国准备结盟。秦国希望看到的，就是这个效果，山东诸国一旦得知这个消息，再经过赵孝成王的确定，就会把赵国孤立起来。

为了把列国作壁上观的假设变成事实，秦国不惜许以魏国重利，承诺将垣雍之地划给魏国，前提是魏国不插手秦国和赵国的战事；楚国已经没有了任何威胁，所以秦国直接把楚国忽略了过去；依据齐国和燕国的实力，如果能够给予赵国经济上的支持，则秦赵之间战争的结局便很难预料了，但是它们本身的军事实力并不是很强大，所以秦国直接用武力去威慑它们。只要他们不妄自行动，秦国就会保证他们暂时的平安。

# 对峙三年

廉颇最擅长的战术,并不是如何进攻,而是如何防守。在冯亭兵败退到长平关处之时,正好遇见了廉颇来援救的大军。于是,廉颇便顺势在来路的金门山附近构筑防线。这道防线以营垒为基础,呈列星状分散驻扎。廉颇将赵军精锐拨了一万给冯亭,让他驻守光狼城(康营)。西鄣城由大将盖同率领一万大军守备,东鄣城则交给了领兵一万的盖负守备。这三人都堪称良将,镇守一方绝对不成问题。

只可惜赵军阵营中的新任裨将赵茄,却是个贪功冒进之人。关于这个人,历史上的资料很稀缺,但是可以知晓的是,他对当时秦军和赵军的时局并没有全面的把握。

自公元前265年以来,秦军在"远交近攻"外交政策的指导下,对韩国进行了一系列的进攻。韩国的少曲(今河南济源东北)、高平(今济源南)、径城(今山西曲沃东北)、南阳(今河南南阳)、野王(今河南博爱县)都被秦国占领。自此,秦国完成了对韩国的战略分割,切断了其以都城新郑为中心的本土地带和战略要地上党之间的联系。自此,秦军可谓一石三鸟,既能够将韩国一分为二,将上党地区彻底地孤立;也能够削弱韩军,扫清秦军东进的壁障;更能够抢占太行山地区的战略重地、军事要点,在地利上占尽优势,进而更大范围地掌握战争的主动权。

和冯亭不同的是,韩桓惠王并不想和秦军发生正面的冲击,因为他知道韩军绝对抵挡不住秦军的猛烈攻势。于是,韩桓惠王便选择了遣送使者前去秦国请和。其实,和战的结局对于秦国而言已经不重要了,只要能够稳住韩国,让秦国全力对付赵军就行了。为此,秦国还不惜许韩国以重利,直至攻克上党地区。自此,秦军完成了对赵军的军事围困,同时秦国也完成了对赵国的外交围困。

但是赵茄不仅不了解当时赵国面临的国际局势,连战争中赵军面临的局势也不了解。

赵茄似乎也意识到了这一点,所以他决定先搞清楚秦国军队的态势如何。这一日,赵茄率领5000赵军前去打探秦军情况,竟然让他碰巧遇见了没带多少兵马的将领司马梗。

司马梗何许人也?史书虽然对司马梗着墨不多,但与其有关联的另外两个人,只要提起来,可谓无人不知无人不晓。一个是秦国占领蜀中的大将司马错;另一个则是后来"究天人之际,通古今之变,成一家之言",写成史家圣经《史记》的司马迁。前者是司马梗的父亲,而后者就是司马梗的子孙。司马迁是西汉人物，对司马梗自然构不成任何影响，但是司马错对于司马梗却有很深的影响。"虎父无犬子"，司马梗在战术上有其父风范，也是秦军的猛将之一。

赵茄见到司马梗后，马上率领5000雄兵直接扑杀了过去。岂料司马梗虽然没有多少兵力，战斗意志却极为顽强。"强将手下无弱兵"，司马梗区区千余兵马，硬是将赵茄的5000兵马牵制得无法动弹。不久，秦军的援兵便到了，这率军的正是另一员猛将张唐。猝不及防之下，赵茄顿时慌了手脚，司马梗见机，将其一刀斩落马下。赵军见主将被杀，顿时四散奔逃。司马梗并没有追击，因为他知道，赵茄之死已经宣告了秦军和赵军的强弱，甚至还很有可能让赵军出来还击。

但廉颇非同常人，见赵茄兵败被杀，心中虽然很是震惊，脸上却丝毫没有表现出来，更没有意气用事，率部还击。他反而营造壁垒，依旧坚守不出。

但是，秦军太强大了。就在廉颇以为自己的防线固若金汤之时，东鄣城的盖负兵败而走。西鄣城的盖同也没有抵挡多久，很快失去了西鄣城。只有冯亭抵挡得稍微久一些，但是最终还是免不了丧师失地的结局。廉颇再一次展现了其沉稳、睿智的作战风格，在这几路人马都兵败之时，廉颇依然坚守不出，并下了死命令：谁敢擅自出战，即使打败了秦军，也定斩不饶。

这时的王龁大军，就在距赵军十公里之外的地方，听闻赵军竟然坚守不出，便迅速率部前去金门山，距赵军四五里位置时派遣人马前去金门山城池处叫阵，希望能够引赵军出来，与其决战。岂料廉颇依然不为所动,一连三次,秦军都无功而返。无奈之下,秦军只能另思良策。

恰好这时偏将王陵进入中军大帐,王龁一见,忙将自己的思虑说了出来,并向他咨询破敌的计策。这王陵虽然在作战之时,并不显得多么的骁勇,但是脑子却很灵活,在王龁的军中,算得上是智囊般的人物。见王龁问自己对策,王陵当即把自己早就准备好的计策献了出来。原来,在此之前,王陵就对金门山一带的地形进行了考察,他发现赵军所需水源竟然全部取自金门山下的阳谷涧溪流水,只要秦军切断了赵军的水源,到时不用秦军前去挑战,赵军就会乱成一团。到时赵军要么撤退,要么和秦军决战。

当年的晋阳之战,智伯截水攻取晋阳,和今天的一幕何其相似!战争的结果,又会是怎样的呢?王龁在思考这个问题。他采纳了王陵的建议,将手下千余人马派出截水去了。而廉颇在数月之前,就已经在想这个问题,因此,到了金门山下筑营垒之时,便下令让人掘地取水。如此,王龁、王陵的计策只能宣告无效。

如此这般,一晃三年过去。

## 大势所趋

赵军和秦军在长平形成了长期对峙的态势,这时掌握长平地区的地形,对于战争的成败至关重要。这就是所谓的:"知彼知己,胜乃不殆;知天知地,胜乃可全。"秦赵双方都懂得这个道理,因此他们派遣出许多人马前去了解和探查敌情之时,顺便将地形情况也做了深入的了解。

今天历史上著名战役长平之战的发生地,已经逐渐淡出人们的视线,其具体位置也只能依据历史记载和考古资料一探究竟。很多资料都表明,战国时期的长平,就是今天高平市西北长平村。当然,这只是个狭义的范围。广义的长平应该包括了今天高平城乡的全部境域。因为秦赵双方后来在此地集结的兵力达到了百万之众。战略前线、战略缓冲加上战略纵深,前后起码有数百里之遥。据考证,长平之战的主战场,就是包含长平村为中心的丹河两岸东西 10 千米、南北 30 千米的狭长地带。

廉颇选择在长平设防，一来是上党失守，赵军被逼无奈的选择；二来也是廉颇自己深思熟虑以及与众将领商议的结果。

在此之前，秦军已经占领了魏国的河东地区，并且以安邑（今山西夏县西北）为中心构筑了防线；不仅如此，秦军还在以野王为中心的地带构筑了另一道防线，进而形成进可攻、退可守的战略势态。退守自然不必说，秦军如果进攻，其兵锋所指主要是两个方向，一个是攻占上党地区（已经实现），第二个就是兵临城下，攻打赵国的都城邯郸。秦军要攻取邯郸，只有从长平出发，才能够最大地节省人力、物力、财力，同时也能缩短行军时间。兵贵神速，秦军自然不会忽略这一战略捷径。但赵军中不乏谋略和见识的将领，对此地的战略地位自不会忽略，他们必定会在此地严防死守。所以一场恶战是难以避免的。

廉颇便是赵军中有见识的将领之一，对于长平的战略地位，自然心知肚明。所以廉颇的那支精锐之师，即使没有经历上党的败绩，也会分兵在此地固守，以待时变。当然长平本身的战略位置、地理优势也决定了其重要性，这也决定了秦赵双方必然会对其展开激烈的争夺。

长平之地，总面积相当于如今一个普通的乡镇。秦军如果占领了此地，并在此地扎营驻寨，就会在很大程度上加强其战略缓冲，到时大营之巩固，六国中没有任何一个国家的军队能够攻破。这不仅仅因为长平是个狭长的矩形盆地，还因为长平在东部、西部和北部三面环上的同时，西北向东南还有明显的倾斜，是个易守难攻之地。

长平境内有一条丹河和地势平行而走，它能够解决军队至关重要的水源问题。丹河有五大支流，即许河、小东仓河、东仓河、东大河、永禄河，它们构成了一个水网，遍布整个长平境地。长平以山地为主，任何一方军队占领了此地区，就能够借助山地进行伏击和掩藏，借助丘陵进行攻击和快速回防，借助平原河流进行粮草辎重的调度。如此，只要夺取了长平，进而巩固其防卫，就能够在敌人攻来之时，处于长期的对峙状态，只要不出意外，敌人必定会被拖垮，达到不战而屈人之兵的效果。

廉颇正是认识到了长平的地理优势，才带着从邯郸来援助上党的20万大军在此设防。战场上的经验是弥足珍贵的，廉颇虽然已经是个老将，但是经过无数次血与火的洗礼，他的战略智慧远远高于一般将领。这也正是为何廉颇能够最终名列战国名将之一的原因所在。

廉颇在盖负、盖同和冯亭都兵败之后，马上加固了以丹河为依托的防线。如此，赵军有了水宽谷深的丹河作为屏障，更有大粮山和韩王山两大军事制高点。虽然整个战争的主动权已经掌握在秦军的手中，但是凭借着长平之地的地理优势，赵军也掌握了秦军不及的优势。只要秦军胆敢进犯，赵军立马就能发现，进而凭借险要死守。任秦军战力如何强劲，谋略如何高明，也不会将赵军打败。

秦军也认识到了这些，所以他们一直在寻求和赵军决战的机会，但对赵军的"以守为战"的作战策略实在无能为力。

如果战争照此发展下去，双方的这一场对峙本来应该是赵军完胜的。但客观事实却是,赵国国力明显弱于秦国。特别是商鞅变法以来,秦国的国力可谓与日俱增,军队的战力也是蒸蒸日上。而反观当日的赵国,除了军队实力还可堪与秦国一比之外,其他方面就远远不如了。秦国可堪大任的良将,除了白起、王龁等人,还有司马错之后司马梗以及名将王翦。而赵国则只能派出垂垂老矣的廉颇。赵奢死后,其子赵括只是个纸上谈兵之人。其他将领独当一面尚且吃力,更别谈主掌一场战争的胜负了。其实,如果赵国能够一直信任和重用廉颇,赵军或许能够抵御秦军更长的一段时间,但是战争的天平似乎总乐于偏向大势所趋的一方。

而秦国的大势所趋早有征兆。比如,奇才范雎辗转来到秦国,为其制定了当时秦国最为可取的外交政治策略;又比如,白起从一名小小的士兵逐渐崛起,并在魏冉集团倒台之后独善其身,掌控秦军的军事大权,并在一次又一次战役中所向披靡;再比如,秦昭襄王在军事上独具慧眼的战略眼光,在人才上的选贤任能,在政治上的老谋深算等。

这一次,赵军之败,就是这三个人合力的结果。

## 缺点少比优点多更重要

关于秦国为何能够取得战争最终的胜利,历史上众说纷纭。一连串的事实表明,秦国最终能够荡涤东方六国,建立中央集权的一统大帝国,并非只是一两场偶然促成的。

在秦国建立统一的中央集权的国家的过程中,宗族制度无疑在逐渐地崩溃,并且随着这种崩溃,曾经被残酷镇压和束缚着的大小宗族,也在这一过程中得到了解脱。随着越来越多的人成为相对自由的农民阶级,自耕农这一概念被逐渐推广开来。

那么,什么是封建的、相对自由的农民阶级?或许在当时看来,只是个可忽略,可任意蹂躏和践踏的阶层,统治者甚至很少注意到他们,但是他们反对诸侯割据,渴盼天下一统的愿望,已经在不知不觉之间暗自增长,成为冥冥中影响历史进程的重要力量。

与此同时,另一种力量的兴起也不容忽视,那就是和农民阶级相对的地主阶级。当然，地主阶级的兴起只是数量上的，在力量上还远远不及原来的领主强大。因而地主阶级的分裂割据，比起领主的割据称雄而言，困难更大。历史具有相似性，但是却绝对是无法回头的。它如同一江春水，一旦向前而去，纵然遇上无数次的浅滩险阻，也必定回不到原来的样子。于是，以往的分而治之的宗族制度，一旦瓦解也定然难以再复辟。只有建立统一的中央集权国家，才是合乎时代大势的正确举措。

地主阶级一统天下的决心和农民阶级天下统一的愿望，历史性地结合到一起，战国200年时间内，竟然诞生了7股这样的势力，于是，由哪一股势力去完成天下一统这个使命就成了历史留给人们最大的悬念。

事实证明这一股势力就是秦国。当然，秦国能够率先完成这一宏伟的转折，与秦国特殊的国情是密不可分的。

当时秦国的地理位置很是偏僻，远在西方的苦寒之地，各项事业都远远地落后于东方诸侯国。尤其是比起当时的东方，孔子的故乡所在地——齐鲁之地，秦国更加显得落后。但是秦国人并没有甘于落后，而是在一次次渴求中，取得了让东方六国为之侧目的成就。

秦献公元年（公元前384年），秦国人开始逐步废除了人殉葬制，这一残酷制度的废除，标志着秦国在文明进程上，迈出了历史性的一大步。

秦献公七年（公元前378年），秦国开始出现了市，商品贸易的发展，使得秦国能够互通有无，在促进了秦国商品交通的同时，更促进了秦国信息和人员的流通往来。

秦献公十年（公元前375年），秦国颁布法令，学习东方六国，开始有户籍，人口得到控制，国家秩序开始逐步确立。

然而，秦国跨时代的进步真正始于秦孝公时期。当时远在强大魏国的商鞅，报国无门，屡遭陷害，无奈背井离乡，来到秦国。也许是冥冥之中自有安排，商鞅一来到秦国，便受到雄才大略的秦孝公的赏识。两人一拍即合，一场惊天动地的变法运动——商鞅变法由此开始。在这场变法中，秦国制定了许多法令，并逐步建立起新兴地主阶级的政权。秦惠文王二年（公元前336年），秦国人开始铸造并使用货币。经过多年的不懈努力，秦国从落后、野蛮、封闭的羸弱小国，一举成为战国最为先进、文明、开放、强大的国家之一。

当然，这一切都归功于秦国改革力量，即封建势力。相对于东方六国，秦国的腐化势力是最为薄弱的。这在客观上有利于秦国变法，有利于新的制度的实施。秦国的地主阶级最先向原先的领主残余势力发起进攻，农民阶级获得了自己需要的土地和相对的自由，地主阶级则获得了他们所需要的权力和实力，并最终完全地占据了整个国家的权力中心。

剧烈的改革使得秦国在各方面都走在了其他各国的前列。战国最后一位大师荀子在自己的成名著作《强国篇》中极力夸奖秦国民俗的朴素，官吏的忠实，大官的守法以及朝廷的清静。在他的眼中，东方六国无疑都存在着难以改造的甚至是致命的政治缺陷，唯有秦国的政治才是相对最完美的。这在很大程度上，决定了秦国的发展趋势和先进程度。尤其是秦国的军制，比起东方六国，显得更加先进，这也是秦国能够屡屡出现名震天下的良将雄才的原因所在，也是秦军能够无敌于天下的原因所在。关于秦国军队制度先进性的这些观点，大多体现在荀子所著的《议兵篇》中：

秦国自商鞅变法以来，确立了以军功晋身的制度，这种不问出身、不管过去的制度，让秦国有志之士都能够一展拳脚，让那些生活在最底层的人，能够有一个实现理想或者改变自己的困境的平台。赏罚严明的秦国制度，让那些人个个奋勇争先。只要得到军功，他就能一举成为有社会地位的人。如此，秦国之战力，尤其是其战斗意志，无疑是六国之中最为强大的。

而反观秦国的邻居魏国，则在吴起变法之后，建立了强大的魏武卒。和秦国几乎不论出身、不论条件，俨然全民皆兵的政策不同，魏武卒的选拔条件是很苛刻的，尽管在被选上之后，条件很丰厚。除了魏国武卒和现在与秦国对峙于长平的赵军之外，远秦地区还有一个强大的国家齐国。齐国和魏国、秦国都不一样，其兵力更注重的是勇力，若斩下敌人首级，便赏金一镒（一两二十四铢，六铢为一镒）。利益促使士兵们在战场上奋勇杀敌，但战场之上光靠利益驱动是远远不够的，有时也会是错误的向导。若是应对一般的军队，这种规定自然是很有效；但如果遇上如同秦军、魏军这样的强者，利益的驱动便显得不堪一击，等待它的只能是失败。

古语有云：天时不如地利，地利不如人和。如前所述，秦在政治上、军事上都占有极大优势，为秦国的胜利奠定了稳定的基础。而更加不可忽视的是，秦国拥有将这种优势发挥到极致的三人：军事上的神话白起，政治外交上的传奇范雎以及同时掌控这两个人的千古明君秦昭襄王。三人为了达成剿除东方六国当中军事实力最为强劲的赵国这一共同目标，携手与共，不懈努力。

在军事上，秦昭襄王嬴稷自然是全力支持白起。几乎是倾尽秦国在关中地区的军事力量——这些都是秦军的主力，其中大部分军士都是老秦人嫡系部队；同时，秦昭襄王还调集远在巴蜀地区的钱粮，并征集这一地区的人民负责押运粮草辎重。如此，秦军才能在赵军以逸待劳、固守不出的情况下，与其对峙三年之久。试想，加上后勤补给人员，秦军总数超过百万，在千里之外，和赵军日夜对峙，耗损巨大。如果没有秦国强大国力的支持，秦昭襄王毫无保留的信任以及秦国军民的上下齐心，这一切都是难以想象的。

时经三年之久，秦军只是取得了暂时性的胜利。虽然从长远看来，秦军胜过赵军是必然的事情，但是如何加速这种必然的发生，就成了身居都城咸阳的那些最高决策者的头等大事。

这里的最高决策者，指的就是两个人，一个是秦国君王秦昭襄王，另一个便是秦国相国范雎。

# 百试不爽的反间计

可以想象,秦国和赵国各20万大军在长平一连对峙3年之久后,秦王是如何的心急如焚。正在这个时候,秦国接到军报,说眼下赵国在军粮上已经捉襟见肘了,因为赵国3年来年年大旱,国家的粮食储备已经严重不足。秦国暂时还没有这一方面的忧虑,因为它有蜀中这个战略大后方的支持,但是这种优势能够支持多久却是未知的。这时秦国最害怕的事情并不是在耐力上的比拼,而是其他国家对赵国的援助。那样的话,秦国必然难以抵挡。

就在秦昭襄王愁眉不展,不知如何进退时,范雎给他带来了一个振奋人心的消息:"大王,我们之前采用的与赵国继续打下去的策略其实并没有错。据赵国的飞燕使回报,赵国因为缺少粮食,惹得赵孝成王震怒不止,为了逼迫廉颇尽早出战,赵王竟然以减少军粮供应来威胁他。'将在外军令有所不受',廉颇见赵王

王翦

李牧

如此依然我行我素，固守不出。前些时日，王龁将军派出了大量的探子打探赵军的粮草情况，发现赵军的粮仓近来囤积了大量粮草，这根本不合情理。

"由此而观之，廉颇定然是故意向我军显示粮草充裕，以让我们误认为，赵国存有和秦军长期对峙的决心，更有长期对峙的实力。这是攻心的计策，能够使秦军产生畏战之心。如果我方反其道而思考，就会发现，赵军营中粮草辎重，很可能已经见底。但是，这也并不代表着赵军会就此放弃长平，据探子来报，长平的赵军似乎要开始就地垦田，以减轻对本国粮草的依赖。"

秦昭襄王叹道："赵国缺粮的确是个让秦国振奋的消息。众位卿家都应该知道，眼下秦国和赵国的局势。总体而言，秦国比赵国有优势。因为秦国不但拥有关中沃野渭河平原，更有新占土地天府之国巴蜀，还雄踞物华天宝之江汉，耕地面积超过天下三分之一，人口数量也是超过天下十分之三，财富更是超过天下十分之六，可谓后劲十足。但是，赵军和秦军对峙的长平与赵国紧相连接，赵国的军队与后勤供给都能迅速投入战场。而秦国的供给线却太长了，须以渭水漕粮，东入河、洛，进而到达上党，再前往长平。秦国虽然国力强劲，但是也抵不住这样长期的巨大消耗。除此以外，赵军主帅廉颇具有很强的忍耐力，他采取坚壁清野的策略，让我军空有满腔的热血和倾国的杀气，却得不到任何可乘之机。依照寡人看来，只要廉颇在一天，恐怕长平战事就难有转机。"

范雎能够成为秦国的一大政治势力，在权力巅峰中周旋多年,自然不会给秦王一个事实而不给其解决方案。其实在此之前,范雎已经经过了周全仔细的思考,见秦王向自己问计,遂立刻献策道:"大王刚才的想法倒是提醒了臣(这是摆明给秦王面子),让臣心中生出了一条计策,但不知道可不可行?只有请大王来定夺了。"

秦王一听范雎这话,顿时神采奕奕起来,让范雎但说无妨。

范雎所谓的妙计,就是用间使赵王换掉廉颇。秦军曾利用这样的妙计,多次打败敌人。

而用间主要有五种方式,即乡间、内间、反间、死间、生间。五种间计同时用起来,敌对一方就无法摸透另一方的用间规律,从而达到克敌制胜的效果。乡间是指利用敌人的同乡做间谍;内间就是利用敌方官员做间谍;反间则是使敌方间谍为我所用;而死间则是指制造并散布假情报,通过我方间谍将假情报传给敌间,诱使敌人上当,一旦真情败露,我方的间谍最终难免一死;生间就是侦察后能活着回来报告敌情的人。

赵国的风波使秦王看见了希望,他一听廉颇有可能被换掉,振奋不已。只是,如何才能够让赵王下定决心,成了最大的问题。要知道,如果赵国真的走投无路,需要临阵换将,起码还有两个人能够对秦军造成一定的威胁,第一个就是燕安国君乐毅,另外一个则是齐安平君田单。

当然,秦王毫不犹豫地将这个难题交给了自己的智囊范雎。范雎不负所望,马上献计:只要秦国能够稍动手脚,一方面在赵国散布谣言,说廉颇暗中与我秦国私通,故一直迁延不进,不肯与我秦国决战,其最终的目的也是为了拖垮赵国。另一方面则是要确定一个对我秦国有利的主将人选,在让赵国国君心甘情愿地以此人代替廉颇为将的同时,也要能保证我军能够顺利地将他打垮。如此一来,长平之战,大事可期。

当然,这个人最终成了家喻户晓的人,就是前面已经介绍过的以纸上谈兵著称的赵奢之子赵括。因为其余两个人虽然确有其才,但终究是外人,生性多疑的赵王,不会轻易起用他们。

秦王听闻,被举荐之人,竟然是早已经名声在外的赵括,不禁心底一沉。要知道,天下之人都知道赵括兵法娴熟,甚至比曾经大胜秦军的赵奢还略胜一筹。麦丘之战中,赵奢正是运用了赵括之计策,才能够一举定胜;后来,赵奢在阏与之战中,也多次采纳赵括的意见,才最终将秦军打得大败亏输。由此可见,赵括此人,并非浪得虚名,是有不凡的才华的。

其实,如果单单以"纸上谈兵"来形容赵括,未免有失偏颇了。秦王之虑,也就是对赵括之才最好的认可。有什么比自己敌人的重视更能够体现自己的价值呢?但是,一个人有才是一回事情,能否独当一面则又是一件事情。

赵括虽然多次做了其父亲赵奢的幕僚,却从来没有单独领兵打仗、独自应付大局的经验。比起廉颇来,这个人年轻识浅,在与秦军交战之时,肯定不会甘心固守不出。只要抓住了赵括的这个小小的弱点,就足以让其致命。除此以外,赵王虽然无能而昏聩,但是却绝对不会贸然让一个名不见经传、没有任何才能的人前去领兵的。

巧合的是，这赵括与赵王在早年之时，便私交甚密，赵王对其才能可谓知之甚详。在赵王的心里，如果不是群臣都推举廉颇为主帅，加之赵括的确没有什么带兵经验，赵括很有可能早就已经取代了廉颇。而赵括对廉颇在长平的战法也颇有微词，他想要的，就是赵军能够主动出击，与秦军决战，这与赵王的想法不谋而合。如此，赵王这边的思想基础便打牢靠了。

另一面，赵括屡次和其父亲出征，为其出谋划策，在赵国人民和军队心中树立了很高的威望，人称"马服子"，将他与其父赵奢相提并论，被誉为赵国未来的将星。有了赵王的认可和如此强大的群众基础，赵括便成了举国上下所认同的主帅的最佳人选。只要秦国趁机在赵国散布谣言，廉颇就必定会被换下。

然而，小心驶得万年船，为确保此次战争的万无一失，范雎向秦王举荐了一个人，就是大秦武安君——白起。

大计已定，秦国强大的情报系统迅速地运转起来。

这些日子，白起虽然闲暇在家，但却并没有就此闲着。白起一直关注着长平战事，每日都在苦思破敌之策。只可惜，这廉颇把长平弄得如同城堡一般牢不可摧，让战神白起也无从下手。当然，这并不代表他就没有了一些想法，如果能够让白起代替王龁，战局肯定要比现在好得多。只是这王龁与武安君的私交甚密，为了不扫自己这位友人的面子，白起一直隐忍不出。

于是，秦王便亲自去请他。君命一下，无论是王龁还是白起，都会乖乖遵从。

## 点错菜没关系，点错将很可怕

就在秦国紧锣密鼓地准备临时换将之时，赵国陷入了危机。前番赵王擅自做主，派遣使者前去秦国，企图和秦国和谈。秦国更是高调地接待了赵国的使者郑朱。但是时间过去很久，也不见两国之间取得任何实质性的结果。只是刹那间，天下人都得知秦国和赵国准备结盟。所以就在赵军战事日紧，赵王派人前去齐国借点粮草之时，齐国断然拒绝了。

真是"哑巴吃黄连，有苦说不出"。

赵国责怪齐国，不顾道义，不讲信义，不知道"唇亡齿寒"的道理。但是齐国和其他五国一样，有自己更加充分的理由：首先，赵国和秦国的关系实在是有些暧昧，一下子在长平对峙，眼看着一场生死大战就要爆发，但过不久，赵国的使者又到了秦国，仿佛在宣称，赵国和秦国强强联合了。这种高速的身份转换，让其他国家应接不暇，摸不着头脑。其次，赵国兵不血刃，便夺取了上党17座城池，在那个皆为利往的时代，实在是让人眼红。最后，没有一个人想要去做鹬蚌，列国也是如此，都希望自己做那个最后得利的渔翁。

赵孝成王似乎也看到了这一点，他认为，如果继续拖下去，赵国即使有着地利的优势，也耗不过秦国。更加让人担忧的是，如果燕国和齐国在这个时候动手，赵国必定会落到和楚国一个结局。因此，在赵王的心中，唯一的解决办法，就是速战速决。

面对赵王的诏令，廉颇却丝毫不为所动，还言辞凿凿地说："凡与敌战，须务持重。见利则动，不见利则止，慎不可轻举也。"赵王无奈之下，直接削减廉颇的军粮。廉颇为了减少对于赵国本土粮草的依赖，只好大肆发展军队参与农耕。

今天，长平古战场有座山叫作"假粮山"（又称大粮山）。廉颇为了不让秦军知晓自己缺少粮食的困境，命令士兵在夜间高声唱筹，好像在搬运粮草，以此迷惑秦军。

秦军自然没有被迷惑，而且，还在赵国境内广布流言，说："秦之所畏，独畏马服君之子赵括为将耳！廉颇易与，且降矣！"没有办法，赵王只能用两条计策来增大赵军速胜的筹码：一个是增兵，另一个是换将。

其实，有很多人曾提醒过赵王说，秦国很可能是畏惧廉颇，因此使出了这条反间计。但是，看待历史上很多问题之时，并不能单从一个角度出发。就像此刻的赵国，并非仅仅是因为赵王的昏庸，也因为赵国的现实，让赵王不得不这么做。

赵王心中对换将一事还是心存疑虑的，只是赵国的国情很明显：国家相对富裕，但经济发展极不均衡，在畜牧业、手工业、商业异常繁荣的同时，农业发展却极其滞后。若是没有足够的粮草做后盾，根本无法支撑长时期大规模的消耗战。廉颇坚守不出，给后方的粮草供应出了很大的难题。所以在当时看来，换将是赵国不得已而为之的。而且此时在赵王的心中，已经有了一个颇为合适的人选——赵括。

此人是一代名将赵奢的儿子，俗话说，虎父无犬子，赵括熟读兵书，深谙兵法之道，曾经多次襄助其父亲取得战争的胜利。而且在赵奢死后，赵括更是继承了其父亲马服君的爵位，并著书立说，天下无人不知无人不晓，许多人都慕名而来拜谒他。一时之间，马服子之名声震海内，到了与孙子、吴子等人也可相提并论的地步。

无疑，在赵孝成王的心中，赵括成了此次换将的最佳人选，然而，赵括毕竟没有独立带兵的经验，赵王知道，此一战可是关乎赵国前途命运的关键所在，胜利了自然是万事大吉，如果有失，则赵国危矣。

因此，赵王对于是否换赵括为主将的问题，可谓极度头疼。让他更为头疼的是，赵国的文武百官，竟然也因为此事而明显地分为了针尖对麦芒的两派。一派是以平原君为代表的亲贵势力；另一派是以蔺相如为代表的布衣卿相势力。前者主张以赵括为将，代替廉颇，与秦军决战；并认为当初田单、赵奢等著名将领首次拜将出征之时，也没有丝毫经验可谈。但是他们依然能够从百万大军中杀出，成为一代名将，更能挽狂澜于既倒，扶大厦于将倾。起用赵括,也一定能够收到那样的奇效。

而后者则坚决反对临阵换将,理由是:"王以名使括,若胶柱鼓瑟耳。括徒能读乃父书传,不知合变也。"大意是说,大王若要用赵括领兵,就好像粘住调弦的琴柱再弹琴,肯定弹不出好听的音乐。赵括只懂得纸上谈兵,并没有实际领兵的能力。

事情发展到现在这个地步,已经不再是单纯的换将与否的问题,而是赵国内部两大势力的矛盾再一次爆发。曾经,这种矛盾让赵国在系关前途的关键之时,总是做出错误的选择。若是遇到无能的君主,情况便会是雪上加霜。由于君主无能,不懂得驭下之道,赵国的政策左右摇摆不定,这正是赵国一直难以成为当时的超级强权的弊端所在。

面对如此混乱的局面,赵王一时间慌了手脚,辨不清方向。他没有选择真正可以为国出力的忠臣,而是选择了平时与自己关系亲近之人。大局已定,赵国决定以赵括换掉廉颇,接管长平的战事。

当然,为了让蔺相如等人心服口服,赵王还将赵括请上大堂,向他问询破敌之策。当赵王问及,对廉颇在长平的用兵之策持何种意见之时,赵括直接说,自己不赞同他的这种战法,并惯例性地拿出了他招牌性的兵法论述道:"夫兵久而国有利者,未之有也。故兵贵胜,不贵久。"因此,赵括得出结论:长平之战,当速战速决!

赵王听完,欣然问道,赵括是否愿意为赵军击溃秦军。赵括想当然地说道:"大秦懂得用兵的人,只有武安君白起,此人自发迹以来，未尝一败，当初还是左更之时，白起便攻击韩国和魏国，初露锋芒便斩首24万，俘获了魏国大将公孙喜，夺取了魏国5座城池，被封为国尉。不久，白起又攻取了韩国的安邑东部，被秦王封为大良造。此后更是一路高歌猛进，连年凯旋，其战神之名，更是天下皆知。就连自己的父亲赵奢，谈起白起也是赞不绝口。如果和他交战，我只有五成的把握击败他。但是此次领军的人，却是王龁，王龁鼠辈耳，不过欺负一些不知兵的人，如果遇到我，则不堪一击。"

如果说先前赵王还有所疑虑，听完赵括这番高谈阔论后，陷入了狂喜之中。此时能够安抚赵王那颗不安之心的，就是这种不知天高地厚、信心无限增长的人。赵括一出，祸福难料。赵王却认定赵军必胜，妄自窃喜。他孤注一掷地将另外20万人马交给了赵括，拜赵括为上将军，赐予大量金银财宝。如此，长平一战，可谓集合了赵国军队一半以上的精锐力量。

虽然在这之后赵括之母三番五次前去面见赵王，要求他收回成命，只是赵王铁了心要赵括替代廉颇，最终无果。

于是乎，邯郸城外，整个城池的百姓都来城门外送别。可以看到这样的景象：赵军队伍浩浩荡荡，绵延数十里，百姓列在官道两旁，挥泪送别。赵括趾高气扬地坐在高大的白马之上，不可一世地望着长平方向。在赵国人的眼中，这个人就是挽救赵国的神，不久之后，就会凯歌高奏，战士们会携着敌人的头颅归来。但是，也有人担心，此去一别，便是良辰好景虚设。因为随他出征的闺中人，已经成了路边骨，再见只能见到梦中人。

然而，无论如何，他们都宁愿相信，赵括终会和其父亲一样，将秦军打得溃不成军，并率领天下兵马，合纵同盟，一起踏平咸阳，马耀关中。"英雄"这个词汇闪耀在赵括的头顶上，每个人都成了他狂热的崇拜者。

只有蔺相如，站在邯郸城门上眼神落寞。他落寞的眼光穿透了云彩，和廉颇的那声叹息一起坠落。

就连范雎都没有料到，这一切会进行得如此顺利，顺利得让他们都不敢相信，但事实就这样发生了。秦国强大的情报部门，多次飞马前来咸阳，向秦王报告，说及赵括已经做了上将军，正在赶往前线。同时，赵国还将全国25万精锐交给了赵括，直接扑向了长平。

虽然赵括的到来，给长平之战造成了更大的压力，甚至在兵力总数上，已经构成了对于秦军的绝对优势，但是秦王对这一切都没有担心，他眼下还有更加重要的事情要做，那就是请武安君白起出山，料理眼前这个极度危险、极度关键而又千载难逢的战局。

## 集结长平

这一日,秦昭襄王为了显示自己对于白起的重视,亲自到了武安君府上,这让武安君府上大大地忙乱了一把,因为秦王事前并没有打任何的招呼。一到白起的书房,秦王便发现,白起竟然在长平之地的地图上做着各种标注。这白起果然不出自己所料,在研究破敌之策。

白起见秦王亲自前来,自然需要感激涕零一番,进而询问是否为了长平战事而来。

秦昭襄王嬴稷大笑道:"武安君果然快人快语,君臣知心,上下合力,何愁大事不成?寡人早已经知道,你想赴长平一战,但你必须要明白,在寡人眼中,你是我秦国最为锋利的宝剑,不用则已,出鞘则必要全胜,让大秦足以一举震慑天下。相国范雎也和我商议,觉得卿家此时不出,更待何时?还请你不要推辞。"

白起历来就是个军人，讲求快人快语，直来直去，从来不屑于玩弄权谋、倏忽进退，没有任何犹豫，他便接受了秦王的请求。因为他知道，自己等了多年，就是为了这一战。

唯一的遗憾，就是这一次白起依然不能和自己生平最大的对手——廉颇一较高下。如果是他作为决策者，或许更愿意选择和廉颇一决生死，而不会去顾及什么所谓的国家利益高于一切。因为在白起的眼中，能被自己引为对手的人，就是值得他尊敬的人。尽管战场上会耍弄各种阴谋诡计，但却不会用政治或者外交上的权谋，让对手连和自己公平一战的机会都没有。

恰如赵王在决定换将之时，要考校一番赵括那样，秦王也认真仔细地向武安君白起询问了一下他对于长平战事的看法。

白起认为，如今赵国几乎是倾全国之兵力前去增援长平。秦军已经和赵军对峙在长平一线，可谓牵一发而动全身，万万不能溃败，一旦战败则国家必定灭亡。只有和赵国一样全力增援，在兵力总数上不会弱于赵国，才能够保证长平之战不会有失。当然，白起还有最担心的一个问题，那就是秦军的粮草供给，一刻也不能少。以前是廉颇，赵王才会克扣他。如今是赵括，在赵王眼中，就如同他自己一般，必定会全力支持。

秦王听完白起的分析，赞叹了一番，同时马上保证，赵军增援多少，秦军一个也不会少，粮草辎重更是不用发愁，秦王已经命人火速调集蜀中粮草，协同关中、河东地区的沃野一起筹集粮草，可保证在长平一线最后一个赵军饿死之前，秦军还有饭菜可吃。

见白起依然愁眉不展,秦王遂问道:"武安君还有什么不放心的地方?"

白起遂说出了自己的最后一个忧虑之处:"赵国武灵王在位之时,曾经在云中骑邑组建了一支精悍骑军,据臣听闻,其中个个都是从全国骑军及外族武士中百里挑一而出,因而号称'百金之士'。这支军队虽然只有区区两万人马,但却战力惊人,个个以一当十,是一支不可忽视的力量。据传,他们的头盔之上都插有两支雁翎羽,因而在塞外也有一个名声为'雁翎骑'。'雁翎骑'一直在赵国北地抵御外族,从未与中原之国交过手,但是却没有任何一个国家愿意招惹他们。如今赵国倾国之力增援长平,臣唯恐他们也暗自参与其中,所谓明枪易躲暗箭难防,如果是一对一的战斗,我大秦的精兵强将自然不用惧怕他们,但是就怕他们如外族骑军一般采取分散游击之术骚扰我军身后,截断我军粮草供给,他们长年与胡人交战,借用外族的战法也一定不是什么稀奇的事情,这件事情大王应该重视起来。"

秦王笑了笑,让白起大可不必担心,只需要全力应付长平的战局就可以了。原来,在此之前,秦王和范雎就担忧过这个问题,在范雎的建议下,秦国派遣了使者前往北方,说服匈奴单于出兵犯境,只要能够拖住赵军,胜负不论,秦国都会给予他们许多的好处。

而在此之前,赵国也担心匈奴会趁势进兵,因而和匈奴签订了盟约。但是,在实在的利益面前,一切盟约都成了一纸空文。

于是，白起顺利地接替了王龁主帅的位置，和赵括不同的是，白起前往长平，只有有限的几个人知道。因为即使赵括不可一世，在他的眼中依旧有一个惧怕的人——白起。若是大张旗鼓地让赵括得知白起成为主帅参战，自然会引起赵括的高度重视，而秦军要的，恰恰是赵括的轻视。因为战争总是蕴涵着这样一个真理——骄兵必败。

眼看决定赵国和秦国两国命运的关键性一战就要爆发了，这一战，必将名留青史。在成就某些人的同时，也必定毁灭某些人。这个被成就的人会是白起，还是赵括？相信大家的心中已经有了答案。因为，虽然同时换将，同是名将，他们之间总是有那么一些区别，而这些区别的集合，成了导致最终战争胜负的关键因素。

赵括率领大军从赵国都城邯郸意气风发地出发前往长平。或许他想着，有一天，他会踏着敌人的鲜血，手提敌人的头颅凯旋，在万丈荣光当中，成为一个传奇，名留青史。只可惜，事实给了他一记当头棒喝，而他的美梦也化为了泡影。

就在他领着25万大军到达廉颇营垒之前，武安君白起早已悄悄地来到了王龁的中军大帐，接过了王龁30万大军的兵符。而紧随白起而来的，是秦国的25万援兵。此时，赵军在长平，有上党冯亭的军马5万人，廉颇率领的20万人马。加上赵括的25万援军，总数已经超过了50万。而秦国也丝毫不甘示弱，加上后来的25万援军以及最后增援的10万军马，总数达到了

65万。

  小小的一个长平,竟然集结了当时两大军事强国100多万的兵力。长平注定了会成为历史的宠儿,这一战无论结果如何,都必将被后人所铭记。

## 将敌人像蛋糕一样切开

白起到达军营后,秦军表面上看起来一切照旧,没有丝毫的变动,但实际上,就在这几天,秦军加派了大量人手,投入到对赵军东、西的侦察中。依据送回来的情报,白起分析:赵括此次前来,迫切想要立功,然而正是这种急功近利,让赵军军心不稳。赵括为了快些取得胜利,必然会采取中央突破战术。一系列证据表明,赵括厌恶防御,他认为最好的防御就是攻击,要取得胜利,必须发动继续不断的攻击,楔入秦军的阵地之后,左右展开,促使它全线崩溃。

正所谓,知己知彼百战不殆,白起在对赵括及其军事策略进行了详尽的分析之后,制订了一个宏大且详尽的计划。此时的赵军数十万军马,在白起的眼中,已经成了自己的盘中餐,板上肉了。

计划的第一个环节,就是诱敌深入。白起派遣了3000人马,渡过丹河,来到赵军军营。自然,这些军队不过是个诱饵,白起就是要利用这个诱饵,让赵括军马走出营垒。赵括不知道这是白起的计策,他没有任何犹豫,便身先士卒,率领数万军马前去迎战。眨眼之间,秦国数千军马便所剩无几,场面惨不忍睹。见剩下的数百残兵仓皇逃离到丹河西岸,赵括喜不自胜。这王龁果然是个浪得虚名之辈,竟然想以区区数千士兵来挑战赵营,难道不知道,这无异于是以卵击石吗?

此时不去追击秦军,更待何时?

于是,赵括命令军队追击秦军的残余军队,很快,就到达了秦军大营,见秦军严阵以待,赵括只能派人前去,送上战书。

这时候,白起做了两件事情,一件事情便是通知赵军,明日与其决战;另一件事情便是对王龁下了命令,让他准备明日撤军。而神奇的是,这两件事情竟然在第二天同时达成了。当然,和赵军交战的,并不是秦军的主力,而是大将王贲、王陵率领的1万秦军。秦军主力早就退去,准备了一个大大的口袋阵。

白起给王贲和王陵下了死命令:战败有功,战胜有罪,只要能够引诱赵军深入秦军营垒之中,此事便成了一半;而另一面,白起则让司马错和司马梗父子各自领军1.5万,从山间小道悄无声息地绕道赵军的背后,彻底断绝其粮道。大将胡伤则率军两万,屯于秦军和赵军交战的两翼之间,待得双方杀得不可开交之时,便趁势掩杀而出,到时定然可以一举将赵军切为两段。为了防止突发事件的发生,白起还命蒙骜和王翦二人各自率领5000

轻骑兵机动作战，以待时变。

而白起自己和王龁，则依然在中军大帐中岿然不动，这一切，赵括都一无所知。即使他知道了，也是箭在弦上不得不发。

上党冯亭多次进谏，让赵括不要擅自撤换大将、合并大营，但是赵括已经听不进去了。因为他认为，只要自己出马，赵军定然能够取得胜利。

如他所料，第二日，数万先锋大军在傅豹的率领下，刚刚走了5里不到的地界，便遇到了王贲的军队，双方立即展开一场大战，王贲大败逃走，赵括大喜，命令部队趁势进军；仍过了约5里地左右，赵军前锋遇到了王陵的军队，结局还是一样，秦军大败而走。赵军连战连捷，让赵括顿时热血澎湃，他认为，自己建功立业的机会就在眼前。冯亭等人知道事情有些不对劲，因为每一次小小的胜利，都好像被刻意安排好了的，而伴随着这些无关痛痒的胜利，赵军离自己的大本营已经越来越远了，于是，冯亭冒着犯上的罪责，再次向赵括谏言，可惜此刻的赵括已经被胜利冲昏了头脑，无论如何也听不去逆耳忠言了。

赵括令冯亭部的上党军留在东垒大本营看守粮草与辎重，然后亲率45万赵军渡河朝秦西垒恶扑而去，到了秦军的防区，王贲和王陵直接躲着不出来，和廉颇当日一样。直到此时，赵括还不知道与他对阵的根本就不是王龁，而是让他自己也惧怕敬畏不已的白起。他更没有想到，这会是秦国军队布置好的计策，出其不意地给赵军来个口袋阵。要知道，赵军可是整整45万人马，要包围起来，非但要有天马行空的指挥才能，傲视天下的英雄胆色，更要有起码百万兵马的雄厚实力。

很显然，王龁没有那种将领的气概，秦军更没有那样雄厚的实力。

此外，赵军的攻伐，秦军的退却，一切都很顺利，丹西山下的秦军一触即溃，和当初追击魏国和韩国军队之时一样落荒而逃，所谓秦国的虎狼之师，无敌于天下，在赵括眼中，简直成了一个笑话。

事实上，此时秦军的最高统帅，早已经变成了白起，而白起是具备天才的指挥艺术的不世奇才，为了一举定下胜负，他甘冒奇险，准备用50万秦军，去包围45五万赵军。

此时的秦军军营，虽然看似不敌赵军，如同一汪绝望的死水。但是在那死水背后，却是暗流汹涌。司马错、司马梗父子所率领的3万兵马，沿小东仓河一线迅速向北穿插，然后折向东南，迂回到赵军大营的背后，截断了赵军与邯郸的联系，让赵括大军没有了粮草相继；由蒙骜、王翦所率领的1万轻骑兵，轻松地避开了丹河河谷内的45万赵军，迅速地强行渡过丹河，从正面朝冯亭防守的赵东垒大本营攻去。秦军充分利用了轻骑兵灵活机动的特点，给赵军造成了不小的困扰；此外，由大将胡伤所率领的两万大军，则由战略枢纽端氏（今山西沁水）一带，星夜兼程地沿着秦川河床，向东北而去，不日便到达了秦川源头东峪（今山西高平），威胁仙公山（今山西高平长子界山）的赵军，让赵军首尾难以顾全。不久，这一支秦军沿着赵国的百里石长城北侧一线，奔袭故关、马鞍壑。

这样，秦军便将赵军分割为两部分，一部分是丹河河谷里拥有45万大军却没有粮草的赵括部，一部分是有着大量粮草辎重却只有5万兵力的冯亭留守部。等到王翦骑兵稳定下来之后，白起开始不断在两条线上增兵，一番死战过后，秦军最终夺下了丹河东面大批赵军的阵地，正式完成了对赵军的分割合围。白起松了一口气，只要不出大的意外，大局已定。

这时候，赵括才发现，自己竟然犯下了孤军深入的错误，陷入了敌方的包围之中。可是，依照王龁的保守作战方法，是不可能有这么大的手笔的。难道秦军的最高将领早就不是王龁，而是白起？

想到这里，赵括的心中忽然腾起了一股凉意。

唯今之计，赵括只有一个方法才能够挽回赵军的败势：速战速决。在粮草用完之前，击败丹河东岸的秦军主力，之后再回师与冯亭夹击秦军的这两支奇兵。依照白起往日的作战风格和眼前的战局看来，秦军分兵去抄赵军后路，数量定然不少；此消彼长，只要赵军全力攻击丹河西面，在数量上一定能够取得对秦军的优势，到时候只要找到一个突破口，则秦军必败。

然而，往日的众多战役中，人们只是见识了白起来去如风、用兵如神的进攻，却无人见识到他不动安如山、一动奔如雷的守城之法。不得不承认，白起在战场上是个完美的天才，攻，则动于九天之上；守，则藏于九地之下。白起以几乎同等数量的兵力成功包围赵国45万大军，更加成为世界军事史上的一个奇迹。

他见赵括携山崩海啸之威势呼啸而来,直接和廉颇一样,龟缩不出。日夜不停地增修壁垒,将丹西防守得无懈可击,甚至比从前的廉颇有过之而无不及。赵括见整个秦军大营壁垒森严,只能暗叹,也许昔日的秦军面对廉颇之时,也和自己感觉到一样无能为力吧。

造化弄人,昔日赵括还嘲笑廉颇龟缩不出的战法实在是懦夫所为。没有想到,今日自己所带领的赵军,就这样活活地困在秦军的口袋阵之中,眼见秦军丹河西营是没法夺下了,而赵军的粮草不继也成为最大的问题,无奈之下,赵军只好移军复夺秦军东垒。而白起再一次发挥了其长处——穷寇必追。他等的就是赵军撑不住的时刻,秦军正好手执长矛,从丹河西岸营垒出发,进攻赵军的后背,以达到牵制赵军对东垒的攻势的目的。

东垒秦军的数量比之西垒要少得多,见赵军前来,只能筑垒据守,加以弩骑兵在侧翼袭扰。而正好西垒的秦军援军杀到,刹那间,赵括腹背受敌,首尾难顾,晕头转向,赵军乱作了一团。终于,赵括所率领的赵军被夹在丹河河谷之内,进退维谷。冯亭所率领的上党军则困守在大粮山上,直到这时候,秦军才传来白起的将令,要求赵括尽快投降。赵括长叹一声,果然是他!整个东方六国的梦魇,也是赵军的梦魇,更是他赵括心中最重视的对手。只是赵括没有料到,双方的巅峰对决,竟然会是在如此不平衡的一种境况下。

赵括不甘心,遂下令:死战到底。

对于长平之战的时代背景、政治环境、外交风云、兵力配置以及战略战术，最了解的人应该有两个——秦昭襄王和赵孝成王，只可惜，后者昏庸无能，难以和雄才大略的秦昭襄王相提并论。而白起者，在军事上可谓了如指掌，但是在政治外交上却不如范雎，反之，范雎也只是对秦、赵的国际国内环境洞若观火，真个论起打仗，他还得仰仗白起。

# 第六章
## 长平之战,战国大局斗转星移

# 长平，长平

之所以说秦昭襄王嬴稷是个雄才大略的君主，自然是体现在多个方面，然而眼下，他却忧心忡忡。为人大将者，不会在乎一城一地的得失，一军一营的存亡，他要的是整个战争的胜利。而为人君主者，则更要从国家的战略未来考虑。此刻的秦昭襄王，需要的就是长平之战的完全胜利。白起实在是太过狂傲了，赵军加上上党军，可是50万军马！呐喊一声便可天崩地裂，战旗飘荡便能够让日月无光。

稍微通晓兵法的人，一定知道："居险用险必内溃（赵括居于险地，如果再去冒险，则赵军必然军心不稳），居易用易必外蹶（赵军居于有利的地势，而白起则居于平地，若白起不出奇兵，则必然被击败）。"这句话是很有道理的。

此时此刻，赵军其实已经输了一半，无论是军心士气上，还是战略位置上，赵军都处于被动地位。也正是这个时候，历史才能够真正地了解赵括这个人。他只是缺乏锻炼,第一次独立掌兵,就主持一场关乎两个国家甚至是整个战国命运的世纪之战;第一次独立掌兵,便和天下第一高手对决,无论是心态上还是在实力上,赵括都面临着巨大的压力。换做其他任何一个人,早就崩溃,早就丢盔弃甲,早就投降了。然而赵括没有,或许是出于自信,或许是出于一种源自血液的骄傲,他是不会轻易服输的。既然一时间赵军攻不下秦军营垒,赵军索性在丹河谷里重新筑垒,一面坚守,一面寻找机会突围。

之所以说,白起此举是冒了奇险,不是没有道理的。大凡出奇招,就需要掌握一个字——快,这样才能出其不意攻其不备。双方对峙了数天之后,赵括终于发现:虽然赵军东西被夹,南北却还有些漏洞,只要秦军有一路被突破,白起就会满盘皆输。顾不得什么了,眼下争取时间才是最关键的,赵括命令人马日夜不停地向前突围,而白起则日夜不停地修筑营垒。于是,在长平战场上,人们看到了这样一个场景:赵军突破秦军一层垒,白起就再加修一层垒,你冲我堵,你争我夺,很多阵地经常是一日几易其手,战争进入了白热化阶段,到处是军士死后腐烂的尸体,到处是断壁残垣,一片人间末日的情景。

长平成了两国士兵心中的地狱,每日都有成千上万的士兵在这里埋骨;这是一场如梦魇一般的恶战,鲜血染红了大地,汇聚成了河流,红得令人双目晕眩,全身发冷,于是,后人便依据此战的惨烈,将这条河命名为丹河。

双方都在思量,这一场战役,何时才是个尽头?

和赵孝成王消极的静等、无所作为相反，秦昭襄王则主动出击，御驾亲征，仿佛他也知道，这必然是青史留名的战役。

当然，这并不是秦昭襄王的心血来潮，他知道赵括眼下最大的困境便是缺乏粮草和兵马援军。于是，秦昭襄王决定，自己亲自出马，来个围点打援。然而，秦昭襄王也知道，眼下秦国本土已经出尽全力迎战赵军，剩下的士兵只能勉强配合外交政治上的攻势，守卫国土。于是，秦昭襄王将国内一切事宜交给范睢，自己则来到上党南边的秦国新占区河内（即河南东北部太行山与黄河之间的地域）招募兵马：赐爵一级，只要是15岁以上的男子，都必须被征调去长平，秦昭襄王亲自领着这支刚刚招募到的军队，从太行山北上，迅速地经过碗子城、天井关（今山西晋城境内）一线，不久便来到了长平附近。当然，这些新兵不会担任主战场的任务，他们一部分去为白起营造壁垒以及担任包围任务，另外一部分则北上插入长平与邯郸之间，分路掠取赵人粮草，遏绝救兵。白起正自发愁，自己几乎无多余兵力可用，如果这时候赵军来了一路援军，则秦军就会由主动而陷入被动，被敌人两面夹击了。可是秦昭襄王这一雪中送炭之举，为他除去了后顾之忧。

而另一方面，赵军本来就捉襟见肘的粮草兵马，都被敌人断掉了，饥饿的危机，绝望的士气，马匹的哀鸣，都似乎在预示着，赵军没有希望了。

赵孝成王终于开始担忧了，他害怕，一旦赵括被困就难以逃脱了，要知道，带兵的可是战神白起。如果是王龁，其他国家兴许还会伸出一把援手，但是白起就要细细考量一番了，谁也不敢拿着自己国家数十万军士的性命做儿戏。

甚至有的国家还在想，秦国胜利，五国还能够一起，重拾昔日合纵，一同抗击秦国。然而，如果是赵军胜利，则天下形势便会急转直下，秦国自此龟缩在关中不出来，赵国则会四处征伐，首当其冲受害的，就是魏国和齐国等国家。由此而观之，在秦、赵两国尚没有分出胜负之前，支持任何一个国家都是不明智的。他们不知道，只要他们保持眼前的这种中立，实际上都构成了对秦国的一种支持。只是在这种支持之下，秦军取得胜利之后，不会对他们有所感激，而会将他们作为征伐的下一个对象。

不久，秦昭襄王所率领的援军便和白起大军成功会合，冯亭的上党部队也被司马错、司马梗父子所率领的骑兵及秦昭襄王派来的援兵两面夹击，很快就被歼灭，或者被俘获。冯亭本人战死，大粮山的所有辎重与粮草全归了秦军。至此，赵括外援尽断，所有雄心壮志化作乌有，只能拼死以求突围。

战争到了这个关口，双方大军都已经绷紧了神经。尤其是赵军，45万人马在生死线上垂死挣扎，他们的心理已经扭曲而疯狂；他们的心情无比沉闷和压抑；他们的血性在血腥中一次次喷发，让敌人感到肝胆俱裂。从七月末到九月初的46天艰苦卓绝的时间里，赵军没有一天放弃过进攻，双方都损失惨重，赵军25万人马从此长埋地下，秦军近20万人马也因此梦断黄泉。

赵军把所用的士气都用尽了，剩下的只有绝望的呼喊；赵军把所用的军粮都吃光了，河谷鱼虾草木也早就如同秋风扫落叶一般被一扫而空，剩下的只能是活人吃死人。

由此可见，赵军之顽强，实在是非同一般；也可见这赵括不愧为马服子的称号，其勇悍一点也不逊于其父亲。只可惜他骄傲轻敌，在一开始就用错了战略。更加可惜的是，他也许正确的战略，竟然用到了错误的对手身上。白起知道，此子今日不除，日后自己一死，秦国或许就没人可以抗衡他了。赵括的卓著才能，也为他招来了杀身之祸。

赵括也知道，自己此次可谓九死一生。只要能够冲出去，则大军可活、自己可活，甚至整个战争棋局，也可以扭转。于是，赵括决定做最后的困兽之斗。他知道，为将领者，死在马背上、死在战场上，是一种无上的荣耀。

最后一次冲锋，赵括将剩下的赵军分为了四队。其中一队人马由赵括自己亲自带领。这一次，赵括站在主帅的战车上，向敌人呼啸而去，身边无数的赵军如同潮水一般向前涌去，他们所希望的，只是最基本的生存。

然而，迎接他们的，不是生命的曙光，而是死亡的阴霾。在秦军营垒中，早已严阵以待：最前面的，是盾牌兵，紧随其后的，是三排秦国最强劲的弓弩兵。蜂拥前来的赵军不敌三排弓弩兵那如雨般的轮番射击，纷纷倒下。前面的倒下了，后面的顶上去。不知这前仆后继的壮烈场景持续了多久，留下的只有漫天的箭矢和堆积如山的尸体了。

然而，赵军对这一切都已经不在乎了，不是你死就是我亡，没有第三种选择。很快，踏着同伴的尸体，赵军冲到了秦军营垒的百步之内,与秦军短兵相接了。

秦军的戟长达2.8米,铍长达3.5米,矛则有7米之长。作战时,持有不同兵器的士兵分工配合,互相保护,冲击力与防护力都无懈可击。赵兵虽然个个勇猛作战,但面对如此可怕的战争机器,还是伤亡惨重,多日的饥饿和困顿,让赵军的战力下降了不知道多少,仅剩的血性和悍勇,也在秦军的无情绞杀下,化作一缕青烟飘向幽冥鬼府。

秦军这时候也彻底被震撼了,他们从来没见过这样一支顽强的队伍。换做是其他国家的军队,早就弃械投降了。能够在没有任何兵马粮草支援的围困下苦撑46天之后,还能向秦军发起进攻并给秦军造成巨大伤害的恐怕也只有赵军了吧。面对赵军的疯狂举动,许多秦军甚至想到了放弃。

然而此时,上天将眷顾抛向了秦军。这时候,秦军的轻骑兵和车战部队剿灭了冯亭上党军后挥师攻来,将胜利的天平狠狠地压向了秦军。只听闻刹那之间,闷雷般的蹄声响起,大地开始晃动;继而看见在赵军的两翼,黑压压的轻骑兵与车战部队迅速地席卷而来,车如疾风,马如闪电。满天的黄土被卷了起来,整个战场都被那一方黄云所遮掩,仿佛是不让老天看到,他的这些子民们,是如何的残忍、残酷、惨绝人寰。

秦军的骑兵先战车一步,率先来到赵军的百步之内,端出了弩机,疯狂地射击那些猝不及防的赵军。很快,数千人马就这样永久地倒在了血泊之中。紧接着,战车杀到。战车上的秦军借助战车的速度,用锋利的长矛快速地刺穿赵军的甲胄,来不及拔出便转向下一个目标；骑兵们也已将生死置之度外，拔出了刀剑疯狂地冲击赵军军阵。果然，赵军乱作一团，士兵们纷纷开始溃逃。但是只要赵括还活着，他们的心中就存有一丝能够创造奇迹的机会。

面对赵军的节节败退，白起自是高兴无比。但他现在一心想要的，只有赵括的性命。随着一支锋利的羽箭迅速地划破长空，赵括重重地倒在地上，同时重重摔在地上的还有赵军众兵士的心。

赵括不甘心，只要再多给他一次机会，自己就可以成为一代名将。可惜，他第一次独自领军出征就被白起扼杀在了摇篮之中，一个年轻而充满梦想的生命就此化作一缕青烟，留在史简中的只有四个耻辱的大字——纸上谈兵。

一切都被淹没在这无尽的悲哀中，战争也在赵括倒下的那一瞬间被定格，长平大战的大幕也就这样徐徐落下。

白起告诉群龙无首的赵军，只要缴械投降，秦军可保全其性命。于是，已筋疲力尽的他们放下了自己手中仅有的武器。

白起站在充满血腥的战场上，仰天长啸，他赢得了这一巅峰之战。无论敌军死亡了多少，白起都冷酷面对，他知道在战场上不是你死就是我亡，适者生存才是正道。为了秦国的未来，他还要做最后一件事情——坑杀。

## 成者为王,败者寇

苍山如海,残阳如血。

加上上党军和赵括的军队,被秦军俘虏的赵军,总数达到40万。

成者为王败者寇。胜利的一方自然耀武扬威,秦军从统帅到小兵,都沉浸在胜利的喜悦当中,以喝酒吃肉来庆贺这场伟大的胜利。为了这场得之不易的胜利,秦军付出了巨大的人力、财力、物力,前后数十万人马丧身黄泉。

失败的一方在哀叹失败的同时,也在心中暗暗庆幸自己能够在这场绞肉机式的战争中存活下来。秦王和白起都在军营中饮酒,对这一切不禁唏嘘感叹。昔日二人都立下了天下之志,眼看如今大事可期,二人却都已经是两鬓斑白。时不我与,不知道这二人还能不能等到天下一统的那一天。

白起在这期间,已经向秦王说了自己一统天下的战略规划,如今赵国已经被秦军彻底地打败，天下之大，莫能与之敌者。秦国的当务之急，就是首先灭掉赵国，与此同时，快速恢复秦国的国力，继而展开一系列灭国大战。首先锁定的自然是韩国和魏国，三晋之地一旦平定，则定鼎天下便是轻而易举。最后把其余三个国家分开，并各个击破：稳住齐国后，先攻燕国，再除楚国，最后攻打齐国，如此一来，则天下定矣。

武安君将自己的计划一说出，秦王拍案叫绝，这正和他与范雎所商量的战略不谋而合。想当年，自己还只能以质子的身份寄人篱下，如今山河倒转，自己竟然有实力君临天下，世事变化之无常，实在是让人感叹。

秦昭襄王知道，自己这一生能取得如此成就，多亏了三个人，一个是宣太后，将自己扶上了秦王的位置，并为秦国打下了坚实的基础；一个是范雎，没有他和他"远交近攻"的战略，秦国不可能在列国舞台上如此游刃有余；最后一个人自然就是白起，没有他，秦军何以无敌于天下，何以打败强大的赵军？

赵军惨败，留下了40余万的俘虏，如何安置这些俘虏，成了摆在秦国面前的一道难题。

白起知道，眼下的赵军的40万俘虏，每日消耗的军粮就让秦国力不从心了。长平之战几乎掏空了秦国的存粮，到如今秦军自己的粮草供给都已经十分紧张，很快就会有缺粮的危险。除此之外，赵国军卒还是个未知的隐患，是个随时可能爆炸的炸弹。留在军营里面肯定行不通，迁到秦国土地充斥其民，很可能会导致相互仇杀和战乱，甚至还有可能会有人暗自和赵国私通。如果放回赵国，只要赵王振臂一呼，他们必定能够被重新招募起来，三年长平大战秦军死伤过半，足以窥见赵军战力之强悍，如果他们再次被招募起来，必定知耻而后勇，成为秦军的心腹之患。

事情考虑到这里，众人心里明白，只有一种方法，才能够使秦国永绝后患，那就是——杀。

秦昭襄王虽然杀伐果断，但是从来没有想到，自己会屠杀40万手无寸铁的俘虏。这种事情一旦做下，虽然能够极大地震慑敌人，但也无疑会留下千古骂名。于是，秦昭襄王没有知会白起，便回到秦国了。行前还留下口谕，让白起便宜行事，全权处理长平的战俘问题。

王龁茫然了，王翦也迷茫了，司马梗也心悸了。他们知道秦国的选择，就是杀掉战俘；也知道，秦王是不愿意背负这个骂名的。既然这场战争是白起最先开始的，那么这个结束，也让白起来完成吧。反正经过多年的大战，白起已经双手血腥，杀一个人是杀，杀一万人还是杀，白起不在乎，只要有利于秦国的事情，他就是背负千古骂名，也在所不惜了。

当时的人对于杀害投降俘虏的事情，都很忌讳。秦王本人更是不能背负这个坏名声而引起天下人的公愤，司马梗、王龁、王翦都是有血性的男子，都想着能够帮助白起分担罪责，但是白起不需要，因为他是统帅，是秦军之中谁也无法逾越的人。

其实，下决心杀害40万赵军已然艰难无比，但是还有更加艰难的事情摆在后面，那就是如何动手。要知道，那可是整整40万人马，就是一个个站在那里任秦军砍杀，也不知何年何月才能够杀完。若是在动手之前被他们察觉而有所防备并奋起反抗，秦军大营必定会乱作一团。

于是，白起下令，趁着赵军还没有丝毫防备，将他们驱赶到阳谷方向。而在此之前，秦军还从这些俘虏当中，找出240个不满14岁的人。他们是幸运的，因为白起决定不杀他们，但是他们也是不幸的，白起为了震慑赵国，决定让他们观看秦军屠杀赵国俘虏的全部过程。

于是，秦军将40万赵国俘虏分为10个大营，让10个将领分别统领，同时还调拨了20万秦军负责维持治安。白起为了不引起俘虏的怀疑，还下达了一份假的诏令，让他们准备好明日接受秦军的选拔，凡是合格的人，都会被充到秦军的军营当中，不合格的人，都会给予路费，遣返回到赵国。赵军俘虏深以为然，以为白起是大仁大义之人，却不知这份假的诏令背后隐藏了巨大的杀机，他们不知道等待自己的将是地底无尽的黑夜。

这夜，注定是不平凡的一夜，山风呼号，如同地狱的召唤；野地浮动，恰似生命的传说。秦军将10个大营的俘虏集中驱赶到了一个山谷，继而分兵堵住谷口，再将无数的山石和点燃的木柴从两侧的山崖上一股脑地砸将下来，直到这时候，赵军俘虏还以为今晚可以美餐一顿，然后美美地睡上一觉。可惜，等待他们的却是如暴雨般砸来的山石和火种。此时，赵军饿得一点力气都没有，根本无力反抗，大部分要么被柴火烧成焦尸，要么被山石砸破脑袋，甚至被巨石整个儿地从身上碾过去，变成一摊肉饼，偶尔有几个强壮些挣扎着爬到山上的赵卒，也迅速被山顶的秦军杀死，并扔回山谷之中。

<u>整整</u>一个晚上，秦军数十万大军都如同疯子一般杀红了眼，黑夜见证了人性的丑恶。第二天，天空忽然飘下了瓢泼大雨，似乎是对数十万亡灵的沉痛哀悼。但愿死者安息，但愿那一切鲜血和罪恶，能够被冲洗，能够被原谅。

汉代扬雄就长平之战的坑杀事件，就发出如此感慨："长平之战，四十万人死，原野厌人之肉，川谷流人之血，蚩尤之乱，不过于此矣。"

雨后的青山像泪水洗过的良心，白起冷峻的外表下，是颗冰冷的心。似乎他已经感觉到，自己的使命已然完成。不管是骂名还是功名，都留给别人去评说。此时秦军每一个士卒，都将发红的眼睛期待地看向了白起。那40万人头，便是他们梦寐以求的军功爵位。白起看着那些充满期待的眼神，点了点头，算是答应了。不知是谁第一个冲向了尸山血海，尽情享受着"丰收"的喜悦，白起还戏谑地称那些头颅堆起来的山为"白起台"。

40万无头的残尸，没有人去掩埋。此后方圆百里之内，无论人畜都不敢有丝毫逾越和靠近，那里，常常听见有人哭泣，或许是那些孤魂野鬼为无家可归而伤感，或许是那些春闺梦里人在绝望之后的哀嚎。

# 骨头不好啃

公元前260年十月,长平之战刚刚过去一个月,白起便带领着刚刚调整完毕的30万大军,以迅雷不及掩耳之势攻克了上党地区其余的城池,自此,上党全境都划入秦国的版图。

紧接着,白起为了进一步扩大战果,直接将30万大军兵分两路:一路往西,由司马梗带领,数日之间便攻占了赵国在山西的太原郡,至此,山西全境尽归秦有,赵国所谓的太行之险几近成了摆设;另一路则沿着太行山一线北上,由王龁率领,也在数日之间接连攻占军事重镇皮牢、武安,不久,秦国两路军马汇合,兵锋直临邯郸城下。

刹那间,赵国真正地感到了亡国的危险,整个邯郸城都充斥着恐惧。长平大战的惨状犹历历在目,他们害怕如果邯郸被攻克,白起会直接给赵国来个疯狂屠城。

由于双方的实力差距实在是太大,对于赵国来说,眼下战事无论如何也是不敌的。如今的赵国,只剩下老弱病残,把他们拉上战场,只能当炮灰而起不到任何别的作用。

赵王几乎都要绝望了,难道赵国几代相传,到了他的手上,就要亡国了吗?他不甘心。

而此时一个关键人物的出现,让赵王的心中升起了希望。这个人,就是大纵横家苏秦的弟弟苏代。苏代见群臣束手无策,知道自己发迹的机会到了,遂向赵王保证,只要将自己送到秦国,让他对范雎说上几句话,秦军必定会不战而退。

赵孝成王如同溺水的人抓住了一根救命的稻草。顿时大喜过望,给予了苏代大量的金银珠宝,赵王将自己最喜欢的宝贝都给了苏代,只要能够保住邯郸,一切要求都可以答应。

于是,苏代在一片希冀的眼光中,义无反顾地走出了邯郸,走进了咸阳。一路无话,苏代很顺利地就见到了范雎。

一见面,苏代便打开天窗说亮话,向范雎问道:"听说大秦武安君白起即将攻打赵国邯郸?"

范雎道:"的确如此。"

苏代闻言,突然惊呼道:"那么,您的位置必将不能保证了!这实在是让人痛心疾首的事情。"范雎也大惊失色,并装作不知道什么缘故,遂问询苏代其因由。

苏代笑而答道:"武安君白起用兵如神,功勋了得,在他的带领下,秦军无敌于天下,成为整个天下最为炙手可热的人物。长平之战,白起一举擒杀赵括,如今更是趁势围攻邯郸,一旦赵国一亡,秦就可以称帝,白起也将封为三公。

"白起领军以来,为秦攻拔70多城,斩首100多万,南定鄢、郢、汉中,北擒赵括之军,虽周公、召公、吕望之功也难以超过他。这样一来,您必然会在白起之下,可是你还甘心那样吗?即使您不愿处在他的下位,由于其盖世的功劳,您也不得不屈居下位了。除此以外,相信丞相知道,秦曾经攻韩国、围邢丘、困上党,上党百姓直接投向了赵国,可见天下人很少愿意归附秦国,成为秦国的居民的。现在秦军即使灭掉了赵国,秦的疆土北到燕国,东到齐国,南到韩、魏,的确是扩大了不少,但是秦国所得的百姓,却没多少,如何能够保证这些地区不发生乱事呢?照在下看来,丞相还不如向秦王建议,让韩、赵割地求和,这样一来,白起便得不到灭赵的功劳,而赵国也会渐渐地归附秦国。"

其实,范雎早就考虑到了这一点,此时此刻要灭亡赵国,实力上能够达成,但是在时机上则还不成熟。加之如果让白起领了头功,自己的地位便会一落千丈,这白起可是一直瞧不上自己。既然如此,索性许韩、赵割地以和于秦。如此既解武安君之兵权,又得割地之功,自己的位子便能够稳如泰山了。

魏人景春曾说他们:"岂不诚大丈夫哉!一怒而诸侯惧,安居而天下熄。"可见当时的纵横家,就凭借三寸不烂之舌,就抵得千军万马的效果。

主意一定,范雎便马上让人接受了苏代所带来的金银财宝,给苏代安排了下榻之处,自己则迫不及待地来到了咸阳宫觐见秦昭襄王,并对秦昭襄王说道:"秦兵连年征战,如今已是劳顿不堪,请允许让韩国和赵国割地求和,如此士卒可以休整,秦国也可以借此休养生息,为将来进一步战争做好准备。"

秦昭襄王不察这范雎的心思,很是犹豫,要知道,自己早就和武安君白起商量好,长平之战完胜之后,便火速攻下邯郸,占据赵国,继而一统天下。眼看秦军已经兵临城下,要占领邯郸、灭亡赵国,实在是举手之劳。

当然,秦昭襄王也有不攻的理由。恰如苏代所言,眼下的时机还不成熟。

赵国的地盘实在是太大了,而且刚刚经历了长平大战,赵人定然不会甘心归附秦国,他们的心里,对秦人都恨不得寝其皮、食其肉、挫其骨。秦国一旦占领了赵国,定然难以安定下去,如果要寻求安定,必然要派遣大量的兵力,这样就极大地分散了秦军的战斗力。除此以外,赵国东北边的土地和齐国、燕国接壤,离秦国的关中则有数千里之遥,一旦赵国灭亡,这些地区要么投降了燕国或者齐国,要么被这两个国家所占据,秦国犯不着为他人作嫁衣。到时候,秦国不甘心让燕国和齐国得了好处,也不能够违背远交近攻的战略向这两个遥远的国家开战。

而且,秦国此时的实力,也不允许擅自和第三个国家开战,特别是强大的齐国。秦国经历了数年的长平战争,兵源疲敝,国库空虚,昔日齐国就是在这样的情况下,擅自攻打宋国,而被其他国家联合进攻以致国破家亡的。秦昭襄王可不相信,秦国也能够出现一个田单一样的人物。而且即使秦国能够复国,那个君主也一定不再是他秦昭襄王。

除此以外，秦国还有广大的新占领区，这些地区的居民都是三晋的居民，一直心向韩、赵、魏这三个国家，如今被迫生活在秦国的阴霾下，本来就心不甘情不愿。加之白起坑杀了40万赵军的降卒，让那些居民心有余悸。秦国的当务之急，不是开疆拓土，而是稳固已有的占领区，让那些居民能够安定下来。

俗话说，害人之心不可有，防人之心不可无，秦昭襄王知道，当身居他们这个位置时，已经不能够用忠义来形容他们了，当至高无上的权力握在手心之时，谁也无法形容那种感觉，谁也无法拒绝那种诱惑。白起忠于秦国，这是无可非议的事情，但是他是否忠于秦王，就不得而知了。或许他只是忠心于自己本身，如今他已是手握重兵，功劳齐天，在秦军中的权威，比起秦昭襄王来，有过之而无不及。加之白起在长平之战中，再次展现了他的心狠手辣，秦王不相信他不会觊觎自己的位子。

纵观历史，功高盖主之人大凡落得个悲惨的下场，不管秦王如何英明神武，面对对自己的位置如此有威胁的臣子，他还是心有芥蒂的。于是，不久之后，白起便接到了来自咸阳的一纸诏令，要求他班师回朝。

# 要城没有,要命一条

看着眼前秦昭襄王用羊皮写就的诏书,白起的心里如打翻了五味瓶。这秦昭襄王一向英明过人,面对如此千载难逢的大好良机,怎么能够白白放过呢?如果此时不趁势灭掉赵国,不消数年,满怀着对秦国仇恨之心的赵国新一代便会成长起来,成为和当初的赵军一样强大的军队,到时候再想灭亡赵国,谁也无法保证还能找到如现在这般的天赐良机。如果眼前不灭亡赵国,那么秦国一统天下的凌云壮志便很可能变成镜中花、水中月。

直到有一天,在回返咸阳的途中,白起听说,苏代竟然收了赵孝成王的重金,并来到秦国面见了丞相范雎,挑拨离间两人的关系。范雎害怕他的功劳高过自己,以至于失去他现有的地位,所以便向秦王献谗言,劝秦王退兵。白起知道自己被召回的原因肯定没有表面上这么简单,背后一定隐藏着更为深刻的原因。于是,白起到了咸阳宫,向秦王一问究竟。

秦王首先告诉他，是出于对整个国家的考虑，让秦军休养生息才有实力应付其他国家。白起心中充满疑惑，这可能是秦王考虑的重要因素，但是绝对不是决定性的因素。在白起的心中，其实已经很明了，或许秦王是害怕自己功高震主。然而他不敢确定，直到秦王提及范雎来见过他，白起心中已明了，顿时哑口无言。

白起甚至没有告退，便悄无声息地走出了咸阳宫。他意识到，自己把一生都献给了秦国，到头来，却是招致范雎的谗言、秦王的猜忌。白起是一个纯粹的军人，因而永远无法理解秦昭襄王和范雎的那些政治等方面的考虑，他知道，自己一生恐怕再也没有了出头之日。如今大局已定，秦军只需要如同王翦、王龁、司马梗等一般的将领，就能够让秦军变得逐渐强大。

如果说在此之前，白起对于范雎还只是不屑与之计较，那么到了现在，他的心中则产生了一丝愤恨。因为秦王是秦国的主人，君让臣死臣不得不死，白起无法将怨气发在自己的主人身上。于是，害得白起最终不能建立盖世功业、实现天下一统的人，很容易便从秦王身上转移到了范雎的身上。甚至整个秦军都认为，范雎是个小人，由于嫉妒、不服气白起，为了一己私利而置国家利益于不顾。

秦昭襄王和范雎为了秦国的长远大计着想，不得已要侵犯白起所在军队集团的根本利益。这个集团要求秦国在对外战争中，以武力歼敌为主要的或唯一的手段，从而为军人创造立功升迁的机会。而范雎和秦昭襄王不同，他们站在更加高远的位置来看待对外战争。在国际舞台上,光靠战争是远远不够的,政治和外交手段,是实现国家理想必不可少的。而白起的战争,只是实现一统大业之理想的其中一环,秦国断然不会为了单单考虑白起的利益而放弃国家的利益,因小失大。

当白起的军队怨声四起的时候,范雎就成了秦王的替罪羊。范雎知道,如此下去,自己终归难逃白起集团的围攻,秦王是不会手软的,他乐于看到自己和白起斗下去,只要不威胁秦国和秦王的地位就成。为求自保,范雎最终决定,既然自己和白起已到了不是你死就是我亡的对立状态,何不彻底将他扳倒?否则一旦他日国家再需要白起之时,就会是自己的遭殃之日了。

于是,范雎开始为白起的倒台、为自己的将来密谋筹划着。但是现在白起的声望依旧如日中天,平白无故地找白起的麻烦,无异于是自找没趣。

但果放任这种将相不和的局面一直上演,则秦国就会在一次次萧墙之争中,面临衰落的危险,这是范雎、白起和秦昭襄王都不愿意看到的事情。

而另一边的赵国,赵孝成王终于安心地舒了一口气,这苏代还真是厉害,携带着赵国一点金银财宝前往秦国,三言两语之间,就让秦军退去。即使是廉颇手握百万雄兵,怕也没有这么容易吧。

公元前259年正月,就在家家户户欢快地庆祝着新年新气象的同时,赵国和秦国也达成了最终协议,赵国同意给秦国割让6座城池,秦国和赵国暂时性修好。虽然协议上说的是永久性修好，但是谁都明白，一旦秦国国力稍稍恢复，就必定会卷土重来。

这一年的春节，无疑是秦昭襄王最高兴的一次，秦国国运昌隆，假以时日，秦国必定能够一统天下。只可惜，秦昭襄王明白，自己已经老了，或许这个愿望，还需要等到自己的后代才能实现。也就是在这个时候，在邯郸城内一个普通的秦国质子府中，一个貌似平常却特殊至极的小生命带着结束乱世的使命，来到了这个危险残酷又充满了挑战的战国，他的到来没有传说中的祥云满天，更没有什么神龙坠地，远在咸阳的秦昭襄王甚至都不知道，嬴氏家族又诞生了一个朝气蓬勃的生命。这个新生命被命名为赵政，人生世事变幻无常，有谁能够料到，在短短的38年以后，整个天下都将颤抖着匍匐于这个婴儿的脚下。因为这个婴儿不是别人，正是以后的天下共主，中国历史上第一个统一天下的皇帝——秦始皇嬴政。

其他国家从未料到秦国会在38年之后一统天下，因为从眼下的情势看来，秦国和赵国打了数年，虽然最终完胜，但却只是惨胜。因此，赵国中很多人都认为强秦撤兵，与其说是苏代去秦国说服了范雎，还不如说是因为秦国已经不堪重负，被迫撤兵的。

这之中，便以虞卿为代表。

虞卿见秦国和赵国就要履行割让六座城池的协约，便马上赶到赵王宫殿，向赵王进言道："秦国何以会退兵呢？还不是因为秦军力所不能及，疲惫不堪的缘故，可是大王现在的做法，毫无疑问是将秦国力所不能及的6座城池白白地献给了秦国,这种做法,无疑就是拿起石头砸自己的脚,帮助秦国来攻打自己;换个角度看,如果来年秦国收了城池却不守信誉前来攻打赵国的话,赵国还能用什么来阻止秦国的侵略?这不是置赵国于无救的境地吗?"

赵孝成王一听,觉得很有道理,遂决定撕毁和秦国的协约,只要秦国灭赵国之心不死,割让再多的城池也没有任何用处,反而会助长秦国的实力,损害自己的国力。

然而,这之后秦国楼缓来了,并听说了虞卿给赵王的建议。于是,他也马上给赵孝成王建议道:"虞卿只知其一不知其二,虽然这样做可以暂时地获取一些好处,但是一旦秦赵两国的关系恶化,则列国必将前来攻打和掠夺赵国,到时候赵国拿什么去应对呢?"(《战国策·赵策》)

楼缓的话也不无道理,这让赵孝成王左右为难,和也不是,不和也不是。其实,赵孝成王没有那么长远的眼光,他看中的就是赵国短暂的安危和城池的多寡。只要虞卿能够找出让列国不动的方法,他就会毫不犹豫地为了6座城池而放弃协约。

当然,歪打正着的事情也是有的。在这种狭隘的眼光下,赵王竟也做出了正确的事情。

然而,虞卿实在是难以保证能够让赵国周边国家不打赵国主意。于是,他苦思良策,终于,他胸有成竹地来到了王宫,对赵王说道:"楼缓此言,简直就是鼠目寸光、一派胡言,这6座城池反正也是保不住了,与其给了秦国,让他们来攻打赵国,不如给了齐国,让他们帮助赵国来抵御秦国,到时候韩国和魏国听说齐国和赵国已经联手,必然会加入抗秦联盟,秦国焉能不惧怕?必然会主动请和。"

赵王一听,此计甚妙,虽然这六座城池怎么也保不住,但至少还可以保证有一个甚至几个强大的外援来帮助赵国,如此,秦国便不敢轻举妄动,即使他动了,这些国家也都不是泛泛之辈,秦国要想取胜,还真不容易。

于是,赵王直接撕毁了和秦国的协议,并向秦国楼缓说,赵国坚决不交城池,所有的条约都是屈辱性的不平等条约,赵国概不承认。

这下秦国可是真的发怒了,只是一时之间,哪里能够快速地组织军队,前去攻打赵国呢?无奈,秦王只能把赵国前去议和的平原君赵胜给扣押了。而其理由更是让人大跌眼镜,竟然是因为他收留了魏国相国魏齐并让他寄居于自己的门下。

可怜的魏齐竟然成了出气筒,穷途末路的他找到了赵国相国虞卿,虞卿此人不知为何,也许是出于义气,竟然置赵国相位于不顾,和魏齐跑到了魏国,并向信陵君魏无忌求救。可惜,关键时刻,信陵君没有答应,走投无路的魏齐只能拔剑自刎。秦国没有了扣留平原君的理由,于是将他放回了赵国。

对于秦国而言,辛苦经营多日的和谈计划,竟然就这么不了了之,自然不会甘心。于是,秦国决定给赵国点颜色看看,顺便也拿回一点好处。

# 围城

转眼9个月时间过去了,真可谓此一时彼一时。这9个月的时间,赵王将邯郸的防务交给了廉颇全权负责。而这一次,大秦武安君白起却没有出马,由此构成了一个不平衡的战争。

秦昭襄王听说武安君生病了,也许是故意称病,也许是因为秦军这次攻打邯郸的将领不是别人,正是五大夫王陵。这次,秦军只率领了10万兵马,在秋收过后,便信心百倍地兵临赵国。

秦昭襄王和范雎可是经过充分的思考,这王陵虽然官职低微,甚至比起左庶长还低上一级,但是对付赵国的老弱残兵,已经是绰绰有余了。秦军历来名将辈出,秦王认为正好可以借此机会培养一下王陵,让秦军对白起的依赖不断降低。白起太过桀骜不驯,很多时候竟然不听从秦王的号令,这令秦王心生不满。

然而,后来的事实证明了白起的桀骜不驯不是没有道理的,王陵很顺利地就到达邯郸城外,却一直无法进入城内。

原来,赵国经历长平大战之后,其精锐力量已经所剩无几,如果和秦军硬抗,无异于是在自掘坟墓。于是,赵军干脆实施坚壁清野的政策,将秦军到邯郸的进军路线上的城池都放弃,迁其人口,扫其粮草兵马。如此,秦军一直走过的是一条无人之境,到达邯郸后才发现几乎整个赵国的力量都集中到了邯郸。看来赵国是准备和秦军死战到底了。

整个邯郸城的赵军起码有20万人马,他们是一群特殊的群体,大多数人都是超过40岁的老者和小于18岁的少年。这些人的亲人,大多死在长平一战中,因此他们都把秦国的士兵看做自己不共戴天的仇敌,刻骨铭心的仇恨比任何凌厉的士气和杀气都可怕。

而让王陵更加恐惧的是,这次守备邯郸的竟然是和白起实力相当的大将——廉颇。整个赵国邯郸城内,都弥漫着一种哀伤之气。长平之战,白起一举坑杀了赵军士卒40万,让赵人在心有余悸的同时对秦军充满仇恨。此次守城之战,他们都心存必死的决心。

由此可知,秦军攻打邯郸,比起当初对阵长平还要艰难。廉颇再一次展现了他防守的严密性,整个邯郸简直是固若金汤。任凭秦军如何猛攻,就是攻不下来,三个月过去,秦军损兵折将不说,战事还没有丝毫的进展。

如今秦军可谓骑虎难下,赵国都成这样了,要是还攻不下来,显得秦国太不济事,秦军太过无能,秦王也太过昏庸了。撤军倒是一个好方法,可是秦昭襄王怎么能够咽得下这口气。秦军好不容易才有今时今日的成就，不可能因为区区20万老弱残兵，就让这群虎狼之师无功而返。于是，秦国给王陵增兵20万，还给他下了死命令：务必攻克邯郸，否则就地免职。

公元前258年，嬴政一岁了。他在邯郸和其父亲一起焦灼地等待着秦军攻打赵国的结果。此时的嬴政已经能够走路了，而且还能勉强说一些话语。

可是，这一个春节，秦军王陵再一次让他们失望了。秦军冒着严寒，昼夜不停地攻打着坚固的邯郸城，始终没有任何结果。而廉颇依然深得赵王信任，白天坚守不出，夜晚则派遣赵军北军的精锐骑兵，前去袭扰。不及两个月，王陵便损失了5座军营，更是死伤了数万士兵。

秦王这下再也沉不住气了，他知道如果秦国再不派遣有智谋的大将过去，不仅攻克不了邯郸，秦军也会受到更大的打击。

恰在此时，白起也听说了前方的战事，他认为自己扳倒范雎的机会到了。不是他容不下一个丞相，而是不能容忍一个在战场上呼风唤雨之人，还需要时刻提防范雎在背后暗算，而且这种暗算比起战场上的血肉拼杀，更加难以防备。这就是所谓的"明枪易躲暗箭难防"，为了能够放心大胆地攻伐六国，白起决定先将范雎扳倒。

所以第一次，秦王前去请白起出山时，白起直接拒绝了。

秦王自然不会死心，遂问起因由，白起毫无顾忌地回答道："邯郸实未易攻也，且诸侯之救日至。彼诸侯怨秦之日久矣，秦虽胜于长平，士卒死者过半，国内空，远绝河山而争人国都；赵

应其内，诸侯攻其外，破秦军必矣。"(《史记·白起王翦列传》)

白起如此说话，聪明的秦王自然听得出来，白起很明显是在推脱。想当年白起以7万孤军攻楚，拔鄢夺郢也只在弹指之间，楚国因此而痛失半壁江山。现在的邯郸确很坚固，而且还有名将廉颇做守将，但是以白起的才能，要攻克邯郸其实也并不是什么天大的难事。而诸侯即将来救云云，秦王就更不会相信了，当年长平之战诸侯还不是坐观成败？如今赵国之危更胜当初，各国只会作壁上观，有甚者说不定还会趁火打劫，不久之前在赵国北境屡屡袭扰的燕国，就是个活生生的例子。当然，一旦诸侯意识到秦军攻克邯郸的后果，来援救一下也不是不可能的，但是以往的例子都无比鲜明地指出一个事实，诸侯联盟不过是个纸老虎，一旦秦国稍稍动手动脑，则会树倒猢狲散。最后白起说，"士卒死者过半"，这还算是一个事实。可是眼下围困邯郸的秦军，可是整整30万军马，只要白起一出手，就能立刻化作50万、100万，实在不构成任何具备实质性的问题。

想到这些，秦昭襄王立马觉得白起实在是不识抬举，但是现在要以大局为重，所以必须找出问题的症结。这解铃还须系铃人，白起的态度与范雎有很大的关系，他既然容不下范雎，就让这范雎去解决这一问题。

岂料白起非但没有来和范雎唱出一段将相和，反而给范雎煮了一锅闭门羹。范雎本来就不是心甘情愿地前去请白起的，于是，范雎回到秦昭襄王处，直接告状说："武安君假称有病，不肯为将。"

白起终归是一个单纯的军人,这使得他能够在战场上不顾一切,却也使他在政治上不谙一切。他以为,凭借自己的盖世功勋,无论如何也不会比不过一个依靠嘴皮子,从茅厕爬上朝堂的外人。所以他选择了和范雎直接对抗,他不明白,范雎此时所代表的已经不是单纯的丞相,还代表着秦昭襄王的颜面以及秦国的利益。

果然,秦昭襄王在听闻了范雎的报告之后马上龙颜大怒。这时候,秦王想到了另一个在长平大战中表现出色的人,那个人就是王龁。秦王不相信,秦国除了白起就没有了将才可用。

于是,秦国以王龁为将,再增援10万大军,星夜兼程赶到邯郸。秦军有雄踞天下的威势,猛虎下山的悍勇。秦王相信,只要这一股大军到达邯郸,邯郸守军必然丢盔弃甲。秦军要占据邯郸,平定赵国,如同探囊取物一般。

王龁到达邯郸之后,立马撤掉王陵的主帅大权。至此,秦军先后已经派遣了40万大军进攻邯郸,是邯郸20万老弱残兵的两倍之多。在如此人多势众的优势下,从公元前258年秋到第二年春天,足足5个月的时间,秦军硬是没有半分推进。

这一幕在王龁和廉颇的眼中很是熟悉,和当初二人在长平之战的立场一样,廉颇依然处于守势,王龁依旧处于攻势,不同的是,秦国日益强大,而赵国则渐渐衰弱。但是最终的结果还是和三年前一样,秦军依旧拿岿然不动的赵军没有半点办法。

对于这一切,范雎有着他自己的想法,最开始秦军只有十万大军,攻不下邯郸还可以说是数量上的差距,如今秦军无论是在单兵素质上还是在军队数量、装备上，比之赵国强盛了许多倍。秦军过去可是无往不胜，面对邯郸只要不顾一切地攻击就可以了，和赵国拼伤亡也无所畏惧吧。

因此，范雎得出一个结论：不是秦军攻不下邯郸，而是不愿意攻下邯郸，他们之所以这样做，无非是用无声的示威来支持他们心中的战神白起。并且让秦王知道，只有白起才是天下无敌的，秦国除了白起之外，无人可以攻得下邯郸。

范雎将这个猜测告知了秦王，秦王顿时吓了一大跳，这不是逼宫吗？如此下去，白起必然会威胁到自己军权的稳定。秦王不会允许这样的情况继续下去，哪怕是自毁长城，不惜让秦国的军力一落千丈，他也要巩固自己的统治地位。

范雎意识到以白起为首的军事集团，虽然客观上威胁了秦王的大权，但是其剑锋真正所指的不是别人，正是自己。此次作战无论白起去还是不去，范雎都不会被他们赦免。与其坐等成败，不如绝地反击。

这时候，范雎想到了两个人，一个是自己的结拜兄弟郑安平，另一个则是帮助自己来到秦国，并向秦王举荐自己的王稽。这二人自范雎发迹之后，都得到了重用。所谓养兵千日用兵一时，范雎于是决定让郑安平出马，只要他能够攻克邯郸，则不仅白起危机化解，自己的地位也会日益巩固。

# 得罪上司的下场

所谓愚者千虑亦有一得,智者千虑必有一失。范雎的如意算盘,这一次并没有打响。因为他只是了解当初的郑安平,为朋友两肋插刀,其义气天下少有。料来经过这么多年的锻炼,其勇敢和谋略也必定有所提升。他没有料到郑安平在这几年内,除了沾沾自喜,坐享荣华富贵之外,真正的带兵从政的本领,一点也没有提升。

范雎本以为只要郑安平一到邯郸,加上邯郸所在的40万大军的配合,攻下连日来损兵折将、疲惫不堪的赵军残兵余勇,实在并非难事。岂料就在这时候,列国眼看战争的天平开始奇迹般地偏向了赵国,便开始蠢蠢欲动了。

这期间发生了两起著名事件,一个是毛遂自荐,另一个则是信陵君窃符救赵。前者在赵国平原君的带领下,偕同20多名门客前往楚国。毛遂通过这一次出使楚国大显身手,最终让楚王答应了加入赵国提倡的合纵联盟。在楚国的带领下，各国纷纷开始结盟。其中魏国出动了8万大军，楚国出动了10万大军，很快就突破了秦军设在邯郸外围的防线。由于秦军根本没有料到会有哪个国家敢在秦国如日中天之时出手帮助赵国，因而其战略重点也就想当然地放在了攻打邯郸城上。猝不及防之下，秦军所面临的战局急转直下。

秦昭襄王彻底急了，而正在这个时候，白起那边传过来一句话："如果大王早先能够听取我白起的计策，怎么会落得今日的下场？"在秦王的眼中，白起非但一点也不关注秦国的战局，反倒在举国同悲之时幸灾乐祸。

而白起一点也没有察觉到自己处境的不妙，因此，他还是和往日一样我行我素，并在心中冷笑：郑安平不过是个江湖草莽，如何能够打仗？大王离开了自己，则秦军必然溃败不已；但如果秦国没了范雎，不过是少了一个磨嘴皮的人，对于国家而言，只有百利而无一害。

白起是战功卓著的大将，其战略眼光之敏锐，少有人能及。就在他说这些话的时候，前线秦军正在面临出征以来最大的危险。秦军的40万主力大军竟然全线溃败，唯独剩下郑安平率领的2万秦军还在邯郸城下苦战，并陷入了魏国、楚国和赵国联军的包围之中。

没有办法，面对秦军的生死存亡之危局，秦王决定，不再低声下气地去求武安君白起了。他直接下了诏令，启用白起为主将前往前方救援。

这时候的白起也是真的想要前去作战了，他那几天天天在研习兵法，熟悉邯郸城内外的地理，思考廉颇的战法。他希望自己有生之年，还能够和廉颇来一次真正的对决。然而在此之前，他却想要让范雎下台，否则将来自己一旦功成而返，还是抵不过范雎的一席谗言，自己还是会出力不讨好。

白起试图通过这种方式来测量自己和范雎的价值孰轻孰重，却不料，这同时也是在挑战秦昭襄王的底线。不过秦昭襄王依旧没有处置白起，因为在他的棋局中，白起依然是个可堪大用的关键棋子。如今这颗棋子竟然不听从自己的指挥，秦昭襄王遂大怒道："爱卿，不管你是真的生病了还是假意称病，寡人都强自要求你，即使是躺在担架上，也要做秦军攻伐邯郸的将领。如果立下了功劳，便实现了寡人的愿望，寡人一定不会亏待你。反之，则别怪寡人翻脸无情。"

白起好歹也是秦国权倾一时的人物，为秦国立下了不世功勋不说，更是和秦昭襄王一起成长的人物。秦昭襄王如此对待他，实在是不给他面子，一个有血性的男子，是不会甘心在别人的威逼下就范的。于是，白起再次展现了他吃软不吃硬的性格，向秦王放出狠话道："臣下知道，此行前去，虽然没有功劳，也可以免除自己的罪责；如果臣下不去，虽然没有罪责，但却是免不了被诛杀的结局。然而，臣下宁愿不去指挥而被秦王杀死，也不忍心做一个屈辱的将领，请大王明察。"

终于，秦王拂袖而走，背影中满是落寞，而白起依然桀骜地看着东方的天空，他似乎知道，或许自己这一次，让秦昭襄王彻底地失去了对自己的信任和期望，自己也许会被放逐，也许会被弃而不用，也许会被杀……总之，这一生，自己必定再也难以重复当年的辉煌了。而六国的噩梦也必将从这一刻结束，秦国一统天下的梦想，只能留待后人来完成了。因为即使白起有心杀敌，也无力回天了。

公元前257年十月，随着前线战事的进一步恶化，秦昭襄王也彻底地放弃了白起。一纸诏书下去，白起武安君的爵位被废除，成为一个士卒。这样也好，白起从一个小小的士卒开始，到一个小小的士卒结束，也算是走了完满的一个轮回。

但是，这也许只是他自己的心境，在别人的眼中，昔日屈原被贬，最终投入汨罗江之中，和白起被贬，流放西北苦寒之地，是何其的相似？但不同的是，屈原有着汪洋恣肆的满腹才华，能够在青山绿水之间，抒发自己的不满和怨愤。而白起呢？空有着和廉颇来一次巅峰对决，扫除朝中的奸邪小人，继而灭绝赵国一统天下的雄心壮志，此刻却由于自己的固执和褊狭，被秦王流放。所以，白起干脆选择称病不走，以希望有朝一日，秦王能够看到他的一片丹心，能够回心转意。

其实，秦昭襄王内心何尝不是千回百转？昔日自己不过是为了秦国的长远前途着想，为了保全自己的大王之位而着想，谁想到今日秦军竟然面临这样的败局，而且一切的根源都是白起。这个人是秦国的栋梁，也是秦国最危险的所在。秦国如果缺了他，则统一天下的大业会延后不知道多少年，但如果秦国有了他，却对他不加限制，很可能以后秦国就要江山易主了。

因此，秦昭襄王选择了继续信任和重用范雎，只有这样，才能够让白起为首的军事集团认为是因为范雎，秦王才会如此对待他们的战神的。一旦他日白起已经不具备任何威胁，或者秦国的战事形势逐渐好转，则范雎的政治生涯，也就走到头了。而眼下，时机还远远不成熟。

这年十一月，范雎举荐的郑安平的粮草终于断绝，而且在多次尝试过突围未果之后，他毅然选择了投降赵国。赵王这一次很慷慨，封郑安平做了武阳君。长达三年的邯郸之战以秦国的失败，赵国的胜利结束。但是这次战争中，秦国因为底蕴深厚、国力充实，不过是暂时损伤了元气，而赵国则就此一蹶不振。

这一下，秦国的军事集团终于找到了范雎的弱点，并准备抓住这一点打击范雎。秦国自商鞅变法以来，制定了连坐之法。照此，范雎任人不善，应该收三族（指父、母、妻三族）。然而秦昭襄王此时还要借助范雎对抗白起，所以只下令，"有敢言郑安平事者，一律与郑安平同罪"，不仅没有治罪于范雎，还对他加重了赏赐。

这一下，秦国军事集团真正地见识了秦王的偏心，他们本来就不服范雎，秦王如此做，无疑加重了这种矛盾纠纷。范雎已经意识到自己的处境的危险，为求自保他只能选择先下手为强。

然而，一波未平一波又起，就在郑安平之事刚刚平息下来之后，范雎的另一个亲信河东郡太守王稽，也出了问题。

原来，信陵君所率领的魏国和楚国的联军，在击溃围困邯郸的秦军之后，紧接着马不停蹄，乘胜追击。大军很快就攻打到了秦国河东郡的治所汾城（今山西临汾）。这一次，秦军主力直接选择不战而退，撤往河西。把烂摊子丢给了王稽。秦军摆明了是针对范雎，他们可以退，但是王稽可是一方太守，肩负着保土抗敌的重责，轻易退不得。一旦汾城失守，则范雎必受牵连，料想这一次，秦王再怎么袒护他，也不敢违拗国法，和整个秦国作对。

咸阳这边，秦昭襄王可真是没有办法了，眼看着秦军一点也不听从号令，竟然从邯郸直接退到了河西。如果以前还只是怀疑，那么现在，一切事实摆在眼前，这一切，一定是出于白起的影响。他们都是白起的老部下，见白起平白受屈辱，遂为其打抱不平。

可是他们竟然把秦国的根本利益当作儿戏，这是秦王万万不能容忍的。暴怒之下，秦王直接下令，不管白起病得怎么样，就是睡在担架上，也要离开咸阳，去往他的发配之地。

白起本来还准备继续留在咸阳，以待时变，但已经忍受不了秦王派遣人来，天天催促自己。于是，白起收拾起行装，带着几个随从，静静地走向了咸阳的西大门。岂料，整个西门上竟然满是秦军，他们的哽咽声会聚起来，感染了整个咸阳。那些人，有白起认识的，但更多的是白起不认识的。在他们的心里，白起是永远不败的战神，值得他们膜拜。

## 英雄末路

范雎知道,白起虽然走了,但是他的势力并没有丝毫削减。远离咸阳之后,他的行动可以更加自由,不受秦王的掌控。于是,范雎再一次向秦王献计道:"臣听闻白起要走之时,对大王对他的处置很是不服,心中存有怨言。他在秦国称病,并不是真的生病了,臣担心,如若他到了别的国家,很可能成为秦国的心腹之患。"

这正如商鞅当初在魏国时,魏国丞相对魏王所说的话,要么重用商鞅,要么就杀了商鞅。可是魏国大王没有听从魏国丞相的嘱咐,最终没有重用商鞅,也没有将他杀掉。

而此刻,秦王听从了范雎,已经贬斥了白起。如今范雎又这么说,即使白起已不具备任何威胁,将其杀掉也无大碍,如此一来反倒可以证明秦王对范雎的重视。秦王何乐而不为?

其实秦王知道,白起为秦国出生入死,立下赫赫战功,其他六国人人视他为不共戴天的死敌。除了秦国之外，没有一个国家会真正地重用他。但眼下他在秦国不但不听命于秦王，还对秦王的地位造成了威胁。秦王将其杀掉，显得合情合理。

这就是君王，当一个人有用的时候，会对其实行王道；反之，当一个人已失去利用的价值时，会毫不犹豫地抛弃他，甚至对他霸道。主意一定，秦王急忙派遣使者，向白起追去，同时还给他赐予了一柄自尽的宝剑。

不知是谁走漏了消息，秦王和范雎密谋诛杀白起的消息，竟然传到了白起旧部的耳中。于是，司马梗、王翦、蒙骜、胡伤、鹿公、张若等凡是没有在前线的秦军高层元老，都飞马追向白起，为白起报信说有小人向大王进谗言，大王已动了杀白起的心思。

白起闻言，心中一片惨淡，终归还是没有摆脱死亡的阴影。满以为自己逃离了咸阳，秦王就会放过自己。可惜眼下秦国已经不需要自己了，自己对于秦王，只是一种威胁。

白起望了望天空，其目光一一掠过这些和自己一起征战沙场多年的老将们、老友们，平静地说道："我常常听说，秦国并非成就功名大业难，而是得到贤才难；秦国并非得到贤才难，难的是能够充分地重用这些贤才；用这些贤才也不难，难的是能够信任他们。如今大王既然已经不再信任我，我死了便是，又有什么大不了的。"

老将们还想再劝劝白起，可又不知道从何说起。要知道白起一个垂暮老人，秦国都不能容他，他又有何容身之处呢？

终于,秦王所派遣的人来了,并赐予宝剑让白起自杀。白起还是很平静,仿佛这一场死亡是他早就预料到的。白起长叹一身,道:"我的确是应该死,长平大战之中,赵军数十万降兵,我欺骗了他们并悉数坑杀了他们,万死也难以抵过。"

可是王龁、司马梗等人都知道,白起一生戎马,为秦国打下了半壁江山,杀了赵国的降兵,也是不得已而为之,要论功与过,实在是没人能够定论。这一切,还是留待后人评说。

而眼前,他们只看见白起拿起宝剑,往脖子上轻轻一滑,这个让六国战栗匍匐的战神,让秦国为之喝彩和自豪的神话,便重重倒地,消散在历史的风尘当中。

此时此刻,范雎的心情无疑是复杂的,他知道,自己并非如同外人所看见的那样,地位如同泰山一般牢靠。不仅军方和范雎的矛盾难以调和,秦王也渐渐地不再重用范雎。更为严重的是,秦王还接收到了一份密函,上面言辞凿凿地说,范雎的亲信王稽有叛国通敌的行为。而不久后,王稽便在咸阳街头被诛杀,范雎跌入了自入秦为相国以来的最低谷。

范雎何等聪明,一点即通。他知道,自己谗言杀白起已经犯了众怒,再加上郑安平和王稽的事情,自己在秦国政坛上,已经是岌岌可危了。与其最终落得个和商鞅、吴起等人一样的悲惨下场,还不如现在就急流勇退,尚能保个安全之身。于是,范雎奏请了秦昭襄王,盛赞蔡泽之贤,并且举荐了蔡泽担任丞相。

范雎没有想到，秦王竟然很畅快地答应了自己的请求，可见秦王在最近，也萌生了惩办自己的心思，至少难以再重用自己。因为秦国眼下的形势，需要更多地仰仗军事集团的支持。

而这蔡泽行事，还真是出人意表。他才做了几个月的宰相，便担心因他人的怨愤而被杀，遂直接退了下来。后来别人问他因由，他直言不讳地解释，自己可不是范雎，范雎大难不死必有后福，而自己只要大难不死，后福什么的就不在乎了。不过他虽然辞去了相位，却还是继续参与秦孝文王和秦昭襄王时期的政事，到了秦始皇时期，还受到了重用。燕太子丹就是经过他的游说，才到秦国做了质子。

这是后话，暂时不表。

而范雎在秦昭襄王五十二年（公元前255年）辞去相位之后，死在自己的封地应城，也算是得到了善终。

这里有必要提一下，关于范雎之死，除了善终（主论调）之外，历史上还有很多种其他的说法。比如林剑鸣先生在《秦史稿》的编撰中，对于范雎之死就进行了论述，和《史记》所记载的范雎之死大有不同。其间言道，在云梦秦简的《编年纪》中论道："（秦昭襄王）五十二年，王稽、张禄死。"这个张禄，就是范雎初到秦国之时的化名。可见范雎在公元前255年，因王稽之事受到了连坐，就已经死了。

但只是说范雎死了，却并没有说他被秦王杀了。而依据司马迁写史书的严谨，再加上后来的蔡泽的事情都是真实的，可以证明，就在王稽之事爆发这一年，蔡泽便来到了秦国，游说了范雎，范雎也在辞去相位之后不久便与世长辞了。

范雎死了，他的一生有功有过，但是对于秦国的发展以及整个战国历史的发展进程而言，他所做出的贡献是无与伦比的。

# 第七章

## 赵氏最后的辉煌

## 廉颇老矣，尚能饭否

千古江山，英雄无觅，孙仲谋处。舞榭歌台，风流总被，雨打风吹去。斜阳草树，寻常巷陌，人道寄奴曾住。想当年，金戈铁马，气吞万里如虎。

元嘉草草，封狼居胥，赢得仓皇北顾。四十三年，望中犹记，烽火扬州路。可堪回首，佛狸祠下，一片神鸦社鼓。凭谁问：廉颇老矣，尚能饭否？

——辛弃疾《永遇乐·京口北固亭怀古》

辛弃疾报国无门，空有一腔热血，却因为政府的无能而只能黯然感叹，他知道，并非前不见来者，自己并不是孤独的。当年的孙仲谋，谈笑间樯橹灰飞，是何等的快意恩仇，可是历史上不如意者十之八九，昔日的廉颇虽然名重一时，不也是经常为赵王所猜忌，为馋臣所不容？

不久之前，就因为秦国的反间计，让廉颇被赵括所代替，最终长平兵败；而现在，赵国已经走投无路了，赵王只能继续信任廉颇。可是一旦危急过后，廉颇的命运又会怎么样呢？

其实，在此之前，廉颇便深刻地感受到，什么叫作世态炎凉，人心不古。就在廉颇被免职之后，便闲置在家无所作为，门客们见廉颇已经失去了势力，便一个个争相离开，甚至都没有几个人多看廉颇一眼。

长平之战后，廉颇重新受到大王的器重，被任命为三军主将，而又恰在此时，曾经离开自己的那些人，都纷纷回到了身边。廉颇心想，这些人都是趋炎附势之辈，没有几个人是真正地忠心于自己的，与其养一群随时可能反戈一击的不忠之人，倒不如独自一个人清净。所以廉颇直接拒绝了他们的要求，并让他们自谋出路。

更让廉颇咋舌的是，这门客不但不以自己的行为为耻，还振振有词地对廉颇说，在当时那种大浪淘沙的时代，门客离开或者回来，都是依据主人的财势而决定的，那应该是很平常的事情。就如同买卖一般，一个人有钱有势，有志大展宏图的人自然会甘心归附，一个人如果无钱无势，即使是一般的人才，也知道君子不立危墙之下，自然要离开。如此明白清楚的道理，大家都心照不宣，无须互相埋怨。

廉颇没有再说什么，他知道凭借自己的一人之力，无论如何也难以改变世人早已形成的价值观念。门客尚且如此，那么君王呢？或许有一天，在自己无用的时候，君王也会毫不犹豫地抛弃自己。纵使自己还能堪大用，但是如果君主找到了可以更好地取代自己的人,自己的下场又会如何呢?

廉颇不敢想,因为该来的总是要来,担心也没有用。廉颇只能用尽全力,保全赵国的大好河山。

公元前247年,秦王嬴政登基即位,两年之后,一直重用廉颇的赵孝成王死去,其子赵悼襄王顺势即位。赵悼襄王生年不详,卒于公元前236年,嬴姓,赵氏,名偃。本来,赵孝成王的位子,应该由尚在秦国做质子的太子即位,但是在大臣郭开的帮助下,赵偃如愿以偿地当上了赵国君主。

这种做法当然会引起许多太子派系和忠君派系的反对,廉颇便被认为是赵孝成王派系的一员。

说起赵悼襄王,还得从他的谥号说起。其中有个悼念的悼字,主要是从三个方面解释的:首先,恐惧从处曰悼;其次年中早夭曰悼;最后,肆行劳祀曰悼。而襄字则有两种解释:辟地有德曰襄,甲胄有劳曰襄。这就表明,赵悼襄王壮志未酬身先死,而且还喜好战争,希望通过战争能够重塑当年赵国的强盛。

当然,赵悼襄王是有实现其理想的主观条件的,他虽然即位比秦王晚了两年时间,但是他并不和秦始皇一样,做了长达8年时间的傀儡君主。因为在他即位之初,便大肆打击权臣,集中全国权力于一身。

而廉颇就是赵悼襄王的首要打击对象。

所谓一朝天子一朝臣,就在赵国的国力得以恢复,廉颇也下定决心辅佐君王,准备重现赵国的辉煌之时,奸臣郭开出现了。

郭开是赵悼襄王身边的红人，早在他还没有登基即位之时，郭开就是他身边的亲信。但是此人却并没有什么真正的才能，只是擅长溜须拍马，是个十足的小人。廉颇的性子就如同白起一般：直来直往，疾恶如仇。二人同朝为官，结仇生怨也就成了在所难免的事情。甚至有一次赵王召开宴会，廉颇当着众人的面，指责郭开的不是，由此埋下了一条祸根。

后来在长平之战中，秦国使了范雎的反间计，言及廉颇与秦私通，消极避战，秦国惧怕的不是廉颇，而是赵奢之子赵括。于是，赵王便准备使用赵括换下廉颇。纵使蔺相如和赵括之母都苦苦劝谏，赵王就是不听。究其原因，除了赵王专横跋扈，独断专行之外，郭开的谗言也是赵王做出这等误国误民的决定的重要原因。

历来奸臣和昏君总是相伴而生，相辅相成的。故《商君书·修权》中说道："君好法，则端直之士在前；君好言，则毁誉之臣在侧。"正是由于赵王的昏庸无能，任用奸佞，才让郭开等人有了可乘之机。

前人之事后人之师，白起一生，几乎所向无敌，却最终败在了范雎的一番言语之上。今日的廉颇，何尝不是面对这种危局？这当然不能全然将责任都归给那些谗臣谗言，如果君王能够明人克己，不嫉贤妒能，谗臣又怎么能够轻易地陷害得了忠臣良将呢？廉颇自赵惠文王开始，紧接着辅助赵孝成王，到现在的赵悼襄王，可谓三朝元老。即使再怎么愚钝，也知道自己位高权重、木秀于林，赵王可能会对其生出戒心和嫌隙的。

果然,赵悼襄王一即位,便更加重用郭开,廉颇很自然地就陷入了君王惧、佞臣恨,朝不保夕的危难环境之中。不久,赵悼襄王便听信了郭开的劝谏,解除了廉颇的军事权力,革除了他的一切官职,以乐乘代替廉颇。

同时,还派遣使者,要求廉颇回到邯郸待命。廉颇自然知道,自己只要一回去,就很有可能会招致杀身之祸。义愤之下,廉颇遂率领大军攻击乐乘,赵军人人敬仰廉颇,见主将受辱自然不甘心,于是便产生了同仇敌忾之心。不久,乐乘便支撑不下去了,只能逃回邯郸。

此时此刻,摆在廉颇面前的,有两条路:要么起兵闹事,另立新主;要么改朝换代,自立为王。廉颇能征善战,威震诸侯,对他而言,要成就君王大业实在是易如反掌。但他一不另立新主,二不自立为王,最终选择了"奔魏大梁"。这又是什么原因呢?

其实,在此之前,便有乐毅奔赵国的先例,廉颇去魏国,就是为了让赵王能够觉醒。当初乐毅是燕国的名将,曾经率领大军大败东方强国齐国,可惜后来燕国新王即位,对其心生嫌隙,迫使乐毅投奔赵国。后来齐国田单大败燕军,燕国国势危急,最终只能遣使来赵,请乐毅重新出山。

廉颇就是想通过此举,让赵王能够好好反省自己的过失,继而重新启用自己。只可惜,"用贤如转石,去佞如拔山"(《宋史·刘黻传》),任用贤才,就像转石头一样容易,铲除佞人,却像搬山一样艰难。赵悼襄王刚愎自用,怎么可能感受得到廉颇的一片良苦用心呢？

当时廉颇完全可以去比魏国更加强盛的齐国，或者去军事力量较强的燕国，何以会选择被白起打得一蹶不振的魏国呢？由此可见，廉颇其实是想通过魏国来抗击秦军，所以廉颇最终投向了魏国的怀抱。

魏王也素闻廉颇的贤能，同时也知道，廉颇身在曹营心在汉，不可能为魏国全力卖命，所以当廉颇到了大梁之后，魏王并没有重用他。廉颇对这一切，也并不在乎。他所看重的，是有朝一日，赵王真正能够醒悟过来。眼下赵国国势日衰，秦国也屡次围攻赵国，相信不久之后，赵国求援的人就会到来。

不出廉颇所料，那个求援的人就是宦官唐玖。

此人和郭开可谓蛇鼠一窝，本身就是一个嫉贤妒能的人，加之在此之前，郭开便暗中给他送了许多的钱财，让他回来之后，向赵王说廉颇的坏话。恐怕廉颇的希望要落空了。

在赵王的授意下，唐玖带着一副名贵的盔甲和四匹快马，星夜兼程来到大梁，以慰问廉颇。实际上是看看廉颇还能否担当大任。廉颇做了那么多年的相国，对于赵王的这点举动的意图自是十分清楚，于是，廉颇便在唐玖的面前，山吞海吃了一顿。据历史记载，当时廉颇为了显示自己老当益壮，竟然一顿饭吃了一斗米和十斤肉。吃饭过后，竟然顾不得上茅厕而直接披挂上马，挥刀自如，其英明神武可是一点不减当年，廉颇就是要唐玖给赵王传达一个信息：自己能吃能喝，身体特好，沙场之上依旧所向无敌，希望大王能够重新启用自己。

可惜明枪易躲暗箭难防,就在廉颇暗自庆幸,自己还心有余力,大王就找到了自己的时候,唐玖却在郭开的名利引诱下,向赵王如实说了廉颇能够一顿吃一斗米、十斤肉的情况,甚至还有意加深了赵王对廉颇的认识:廉颇和唐玖在一起,不多时间便上了三次茅厕,可见其新陈代谢功能的强大。

可赵王不这么认为,一个人上战场,就是要有忍的功夫,廉颇连大小便都难以制止,频繁发生,教赵王如何能够安心将国家军队交付给廉颇呢?于是,廉颇失去了扶持赵国的最后一次机会。

可是,廉颇并没有就此失望,就在赵王决意不用廉颇的同时,楚王悄悄地将廉颇迎到了楚国,并封其为大将,以图通过廉颇能够使得楚国的军事力量重新强大起来。廉颇也希望能够借助楚国的军力,策应赵军对秦军的行动,以减轻赵国的军事压力。只可惜自楚国迁都之后,楚军便人才凋零、士气低落,廉颇初来乍到,他们自然不服,最终廉颇只能无功而失望。

此时此刻,没有人能够明白廉颇的心思,他的心中无时不想着能够为赵国的子民做一些事情,能够为赵军抗秦承担重任,只可惜报国无门,只能叹息:"我思用赵人。"

满怀忧国忧民之心的廉颇,最终因为报国无门而只能客死他乡,公元前241年,这位支撑赵国数十年军事的元老,终于在楚国的寿春闭上了眼睛。

廉颇身为战国名将之一,一生征战无数,几乎未尝一败,攻城略地,收徒抗敌,为时人所敬仰;为人则古道热肠、仗义执言，一旦自己有错，则知错就改，心胸坦荡，为后人所拜服。司马迁在《史记》中这样评价廉颇："廉颇一身用与不用，实为赵国存亡所系。此真可以为后代用人殷鉴矣。"恰如其分地论述了廉颇之于赵国的兴衰荣辱，更说明了战国时代，人才才是决定一个国家命运的根本所在。

# 边关一"牧"

战国名将，如廉颇、乐毅、白起、王翦、田忌、孙膑、庞涓等人，无不是智计高绝，谋划奇诡。却少有人如同李牧那般，在狂澜既倒、大厦将倾之时，临危不乱，可谓智谋无敌，仁义无双，骁勇无匹，这三者兼备之后，李牧便能够将军务政事和人生大道融为一体，贯通始末，成就明体达用的所谓境界。

在介绍李牧之前，有必要对当时的北方形势做一番计较。

据司马迁在《史记》中的记载，在公元前3世纪后半叶，匈奴已经开始成为一支相对统一的、强大的民族，单于领导着这个强大的民族国家，其地位也就等同于中原地区的天子。在单于之下，有两个最大的官职，即屠耆王，意为左、右贤王。左贤王一般是匈奴单于的继承人，住在单于大帐的东面。右贤王则与之对应，住在西面，此外，匈奴还形成了一定的官职和高低等级，如左、右谷蠡王，左、右大将，左、右大都尉，左、右大当户，左、右骨都侯，然后是千夫长、百夫长、十夫长。这是匈奴从文化的相似性到权力的集中化的一个重大进步。这个游牧民族，在行进时被组织得像一支军队，而且历来喜好攻打掠夺的地方就是富饶广阔的南方中原地区。

匈奴历来号称是马背上的民族，部族的骑马技术本就高中原华夏人一筹，加上骑兵的机动性以及他们娴熟的弓箭技术，使得中原地区的王朝在面对他们之时，头疼不已。昔日赵武灵王就是学习胡服骑射，才让赵军得以成为宇内第一等的军事集团，赵国也正因如此，才步入了其生命的巅峰。

当时和北边匈奴部族接境的国家，除了赵国之外，还有西边的秦国和东方的燕国。

赵国早在赵武灵王之时，便率领大军攻破了楼烦和林胡两个部落，并且修筑了自代郡（今河北蔚县）经阴山山脉南麓，到高厥（今阴山山脉西端）的长城，设立了代郡、云中郡（今陕西榆林）、雁门郡（今山西西北部宁武以北）等郡县。

燕国则主要依靠大将秦开，此人曾经率领燕国骁骑，大败东胡部落，迫使其向北方撤离，长达千余里。为了防止匈奴部落的再次入侵，燕国也不遗余力地修筑了从造阳（今河北怀来）到襄平（今辽宁辽阳）的长城，并且设立了渔阳（今北京密云）、右北平（今河北平泉）、辽东（今辽宁辽阳）、上谷（今河北怀来）等郡县，戍边屯民。

秦国则主要是在宣太后掌权时期，依靠美色之计，加上白起的勇略，最终一举平定义渠，自陇西（今甘肃陇西），再经过北地（今甘肃宁县）后到达上郡（今陕西绥德），修筑了绵延千里的长城，从而最有效地防止了义渠国旧部的北逃和北方匈奴部落的进一步入侵。

前面提到的诸国防御的部落，大多是广义的匈奴的一支。有很多还在这一过程中被汉化，从而和中原百姓相似。真正的匈奴帝国，就是在其他部落被中原各国联合抵御，逐渐削弱的过程中，不断地强盛起来的。

李牧的生年不详，是赵国柏（今河北邢台）人。早在赵惠文王时期，李牧就已经成长为一名可疑独当一面的优秀将领。匈奴仿佛是和李牧相生相克，伴随着李牧的成长，匈奴也逐步强盛，并且经常出兵侵袭赵国的北部边境，无奈，赵惠文王只能派遣李牧领军，凭借赵国修筑的长城和边塞，戍边抗敌，驻守代地。

李牧知道自己所面对的是怎样可怕的一群敌人，边塞之上甚至盛传，匈奴部族中竟然有茹毛饮血之辈，这比之西边强秦的斩首获取军功，还要可憎可怕。

因此，李牧戍边的第一件事情，就是要稳定军心，激励士气。在这一方面，李牧采用了比较朴素的方法，他每天命人杀几头牛，以犒赏军中立下功勋的军士。这既可以让军士们更加奋勇杀敌，也能够让他们看到自己的一番心意。与此同时，李牧还亲自出马，教授军士骑射之术，树立了将领亲近一般军士的典范，整个赵军可谓其乐融融、关系融洽。

当然，实现这一切的前提是，李牧有充足的军费保障。其实，早在李牧戍边之初，赵王便赋予了李牧特权，可以根据战争的需要，不经请示便设置官吏、任命僚属，并且代地的田租赋税标准全部由李牧确定，其上缴所得无须供奉赵王，可以自行支配。如此，只要李牧能够成功地抵御匈奴的入侵掠夺，要自给自足基本不成问题。

无疑，这是李牧经过深思熟虑之后，针对匈奴大军的不同特点制定的战略。为了加强防御，李牧完善了长城防线上的烽火台，并且派遣精兵强将日夜守护，同时派遣了大量的探马，前去侦察匈奴大军的动向，防止匈奴大军的偷袭。

李牧知道，单单靠这些是远远不够的，即使赵军有强大的情报网和完善的防御体系，但如果匈奴大军真的来了，依靠其来去如风的作战风格，留给赵军的反应时间其实是很少的。他们的到来，只为了抢夺物资，并不是为了占据土地。因此，李牧和边境的军民约定，一旦匈奴入侵，则全部坚壁清野、示敌以弱，从而麻痹敌军，让敌军无法得到自己的物资，进而为赵军歼灭匈奴大军创造机会。

是以每次匈奴大军前来，烽火台便会报警，无须李牧下令，大家便依据约定，将细软收拾好，并退守城池之中。不管匈奴大军如何骂阵，赵军就是坚守不出，匈奴吃力不讨好，多年下来，这种战略便逐步显示出其明智之处，匈奴耗费了大量的人力物力，却并没有获取半点粮草，没有诛杀半个敌人。

可是久而久之，这种战略也显现出了它的弊端，赵军虽然起到了示敌以弱的效果，赵国的赵王和普通的军士却没有真正明白李牧的高超之处。甚至在边境之上，赵国士兵三五成群，私下议论，认为李牧胆小怯战，遂而生出了愤愤不平之感。

将在外，军令有所不受。战场形势千变万化，君王即使再过贤明，也难以全部明白为将者的良苦用心。为了取得战争的胜利，将在外，就只能随机应变，不可能听从君王明显错误的决断。

赵孝成王即位之后，也不明白李牧何以一直坚守不出，在他的眼中，李牧此举无疑是在毫无意义地消耗赵国的赋税粮草，消磨军队的士气。于是，赵孝成王派遣了使者前来，对李牧大加责备，并严令李牧，要么马上出击匈奴，要么回到邯郸。

大凡天纵奇才，总是有一些独立的特性，不为外物外人所动，不为闲言碎语所迷，李牧知道，匈奴已经有所行动了，只有放长线，才能钓大鱼，对于赵王的责难，李牧没有半点申辩，依旧我行我素。他相信，赵王定然会明白自己的苦衷，李牧甚至还认为，为将者，就是需要得到君王的信任。

于是，李牧在赌，赌匈奴的轻敌进而会妄动；赌赵王的信任进而会毫无保留地相信自己。可是他赌对了敌人，却没有赌对自己的君主。赵王见李牧不为所动，遂愤恨不已，一纸诏令，将其调回都城邯郸，并且派遣了另外一员大将来替代李牧。

俗话说，新官上任三把火。这位将领一到边关，便急于建功，他奉赵王号令，每次匈奴大军一到，赵军便全线出击。可是匈奴军队的战力实在是太过强悍，特别是在野战之中，赵军更显得不足。三番四次下来，赵军损兵折将不说，还消耗了大量的军备，粮草也被掠夺，边民不得安生。

直到这时候，赵王才想起了还是李牧在位之时好，虽然没有功劳，却也没有任何损失，对于战略重心在中原地区，和诸侯争霸的赵国而言，北方的安定才是最重要的。

本来赵王准备亲自出马，请李牧重新出山，但却拉不下面子，只能派遣使臣前去。岂料这李牧还是以前的那个执拗的脾气，不但没有半点收敛，而且还更甚往昔。使臣好心好意地前来传达诏令，李牧竟然闭门不出，坚持认为自己生了病，遂不能上任。

眼看边关战事日紧，赵王被逼无奈，只能下强制命令，让李牧无论如何也要火速前往边关救急。李牧也知道，事情到了这个时候，已经恰到火候了。既然赵王不能全部地信任自己，那么自己只能略施小计，逼迫赵王就范。

此时赵王有求于李牧，只能耐心地听取李牧所言，答应他的一切要求。其实李牧的要求说难也难，说容易也容易。既然坚持要李牧出马，李牧自然不敢怠慢，但是赵王必须要答应李牧，一切照旧，不得干预。

赵王心想，这李牧自然如此坚持，兴许有他自己的理由，反正只要他一去，边关就能获取暂时的安定，国民不会有多少损失，何乐而不为呢？于是，赵王答应了李牧的请求，李牧也重新回到了雁门。军中将士见李牧前来，虽然很多对其为人很钦佩，却对他的避战做法而感到不耻。

李牧没有说什么，毅然下令，一切依照此前自己的政令行事。一连数年时间过去，匈奴大军也数次入侵，可是在李牧的策略下，匈奴每次都一无所获，同时还生出了轻敌之心，认为李牧此人胆小无能，不敢和匈奴征战。但匈奴阵营中也不乏有识之士，见此顿生疑虑，认为李牧固然胆小，但是其策略对于匈奴而言，无疑是很有效果的。

李牧对这一切流言蜚语，依旧不为所动。

在李牧的心中，一个宏大而深远的计谋早已经诞生了。他和几名值得信任的将领商议决定，给匈奴来一个诱敌深入，设置伏兵，歼灭敌军。此时此刻，边境上的赵军在李牧的舆论引导下，渐渐地将对李牧的不满，转移成了杀敌建功、抗敌报国的愿望。此时此刻，万事俱备只欠东风。

为了保证此次作战的必胜，李牧从赵军中精心挑选了1300辆战车，1.3万匹精壮的战马，5万多骁勇善战的兵士以及10万名百步穿杨的弓箭手。继而进行多兵种联合作战的操练，不禁使得赵军军威大盛，战力增强，士气也与日俱增，人人摩拳擦掌，准备和匈奴大战一番。

这一天很快来临。公元前244年春，赵军向匈奴主动出击。在李牧的指示下，大批百姓漫山遍野地放牧牛羊，自然，这批牧民只是个诱饵。匈奴自然不会轻易上当，遂派遣了一小股的匈奴士兵前来一探虚实。李牧闻讯，也率领了一小股赵军出击。匈奴兵和赵军一交战，方才发现，这李牧不禁胆小如鼠，而且还一点都不会打仗。方才一次冲锋，赵军便大败而逃，连山坡上放羊牧马的数千百姓也弃之不顾，任由匈奴俘虏。看来，过去匈奴对李牧的看法，实在是言过其实了。

多少年来，匈奴第一次获取了这么大的胜利，单于也感到十分高兴，再经过手下那些建功心切的人的挑唆，匈奴单于刹那间便觉得头脑发热，遂率领大军大举入侵，准备一扫多年来一无所获的晦气。

而赵军这边，李牧早就知晓了匈奴大军的动向，并且在其必经之地布下了奇兵，先并不急于出击，等到匈奴大部队到来后，李牧当即下令进攻。为最大程度地消耗敌军，赵军先采取的作战方式是守势的协同作战，战车阵从正面迎战，从而成功地阻滞匈奴骑兵的行动；同时，赵国的步兵集团也居中阻击，后置弓弩兵轮番远程射杀，赵国的骑兵及精锐步兵岿然不动，隐藏于赵国军阵的侧后方。

第一轮冲击下来，匈奴军损失惨重，于是李牧乘势将控制的精锐部队由两翼加入战斗，一时之间，对匈奴军队形成了钳形攻势，将匈奴大军包围在战场之中，经过几年养精蓄锐，厉兵秣马，训练有素的赵军将士们已经摩拳擦掌多时，急于建功立业，个个生龙活虎，不顾一切地冲向了敌军。整个赵军配合严密，仿佛是一架运转严整的机器，负责在两翼包抄的1.3万名赵军骑兵，如同两把锋利的砍刀，不费吹灰之力便撕开匈奴人曾经无敌于天下的军阵，10万名匈奴兵士便在这一瞬间，被赵军成功地扼住了咽喉，垂死挣扎。原本是一场势均力敌的较量，却在李牧的运筹之下，以一场单方面屠杀的方式决胜。最终匈奴方面只剩下单于率领少量的亲随狼狈地逃窜。

当然，此次李牧对匈奴一战的胜利，绝对不仅仅是赵国的胜利，也是古代农耕民族对于游牧民族的胜利，它为中原地区遏制强大的北方游牧部族的入侵提供了典范、树立了榜样，对后世的战争也起到了巨大的启发作用。

李牧在取得了这次战役的胜利之后，并没有就此止步，而是乘胜追击，灭掉了赵国北部边境上的匈奴附属国家，如襜褴、东胡等族，在李牧大军的打击下，都遭受了重创。赵国北方边境得以长期和平，此后10多年，匈奴不敢和赵国言兵。

李牧就此声名大噪，成为了赵国继赵奢、廉颇之后，最为杰出的将领。

可是，和匈奴不同，西方的秦国可不容易上当，李牧在稳定了北部边境，而赵国国内廉颇遁走，赵奢不在之后，被迫返回中原，对付强大的秦国。一个名将的荣誉就此光芒四溢，一个名将的悲哀也就此激情演绎。

# 赵国最后的大将

在匈奴遭受李牧重拳出击之后,此后10多年,其人不敢南下而牧马。

整个北方的天空,一片安静祥和。李牧功成身退,但并没有就此坐享其成,他在公元前246年回到邯郸做了一般的官员,还在一次出访秦国的任务中,以相国的身份和秦国签订了盟约,令秦国归还了赵国的质子。一年之后,赵孝成王便去世,留下了昏聩无能的赵悼襄王,气走廉颇。朝中赵奢、蔺相如等真正的能臣接连去世,这时李牧做了赵国的朝中重臣。

不久之后,燕国趁机进攻赵国,被赵军打败。公元前243年,赵悼襄王派遣李牧乘胜追击,攻打燕国。燕国的武遂(今河北徐水西北遂城镇)、方城(今河北固安南)很快就被李牧大军攻克,李牧再次向世人展示了他一代军事大将的风范。

8年之后,赵悼襄王逝世,赵王迁即位,是为赵幽缪王,此人更是无道无德，宠信奸臣，打压忠臣，赵国基本上已经被秦国宣判了死刑。先王死，新王立，正是国之大殇，青黄不接之时，秦国自然不会放弃这样一个好机会，派遣了大将樊於期攻取了赵国的平阳（今河北邯郸磁县东南）、武城（今山东武城西）两座城池。赵将扈辄在武遂被杀，所领军10万悉数被秦军斩首。

樊於期，原名桓齮，今河北蠡县鲍墟乡南庄村人，战国末年秦国武将，此次秦国挂帅的便是樊於期。

为了扩大战果，樊於期于公元前233年率领大军乘胜追击，从上党出发，穿越了巍峨的太行山，深入到了赵国的大后方。赵国军队不敌，其赤丽、宜安（今河北藁城西南）两座城池也很快就被秦军攻克。

秦军遂长驱直下，兵锋所指直向邯郸进军，形势万分危急。如果这一次再让秦军围住了邯郸，诸侯就再也难以凑集当初的合纵大军来援救赵国了。

此时的李牧正在雁门镇守，赵王闻讯急忙派遣飞骑前往雁门，拜李牧为大将军。李牧临危受命，急忙率领大军，星夜兼程从雁门南下，以求在秦军围困邯郸之前，于半路之上抵御和阻击秦军。

与此同时，邯郸方面也派遣了一路大军，很快就和南下的李牧大军会师。大军转而向西行进，和秦军对峙于宜安附近。眼下的情景很明显，秦军连战连胜，士气如虹，如果仓促之间让赵军和秦军硬碰，则赵军取胜的机会必然不大。所以李牧采取了高筑营垒、坚守疲敌的策略。不管秦军如何地骂阵、叫阵，赵军就是不为所动,军队要速战速决,最为讲求的便是一鼓作气、再而衰、三而竭,樊於期身为秦军大将,自然明白这个道理。

昔日廉颇为赵国大将之时,同样是坚壁清野,固守不出,待得秦军疲惫,粮草不济之时,便能够不战而屈人之兵,进而乘胜追击。樊於期认为,此次李牧同样的坚守不出和秦军对峙,想必也打着和廉颇一样的算盘。

但是秦军千里跋涉,远征赵国,粮草必定不济。长久下去,如果战事没有推进,则最终会不战自溃。于是,樊於期定下了一条计策,亲自率领主力进攻肥下,企图给赵军造成一种错觉,以诱使赵军放弃城池,出门救援。只要赵军走出了城池,则秦军就可以在运动中歼灭敌人。

李牧早就看穿了敌人的一切,对于樊於期的诱敌救援的计策,丝毫不为所动。这时候,赵军之中也产生了分歧,尤其是偏将赵葱急忙向李牧建议,要求火速出击,救援肥下。李牧只能向大家细心解释,如果敌人去攻击,我便去救援,就会受制于人,乃兵家之大忌。

在说服将领之后,李牧又为赵军定下了破敌之策:当前秦军为了吸引赵军前去救援肥下,主力军队离开了大营,所以营中的兵力必然十分薄弱。赵军多日以来一直是避而不出,这让秦军觉得赵军肯定不敢出城相战。如此,赵军只要出战,便能够起到出其不意掩其不备的作用。

果然,赵军大军突然出现在秦军大营面前之时,秦军惊愕不已,虽然没有太大的慌乱,但是敌我之间的实力差距太大了,所以李牧很快便扫清了秦军大营的留守人员，其全部辎重也被赵军俘获，可谓大获全胜。

在李牧出战之后，樊於期经过认真的思考，遂决定率领秦军主力，回去救援秦军大营。可是他没有料到，李牧会那么迅速便将秦军大营攻克。更让人匪夷所思的是，李牧对秦军的每一个举动，似乎都能够事先预料，竟然在半路上备下伏兵，待秦军一到，便从正面阻击秦军。眼看着秦军殊死一战，即将攻破正面赵军的防守，突然从两翼之间杀出了另外一股赵军，看那规模俨然正是赵军的主力。秦军再一次猝不及防，很快便被赵军杀得溃不成军。

樊於期最终只能率领为数不多的亲随突破赵军的重重围困。但是他不敢回到秦国，害怕回到了秦国，秦王会追究樊於期兵败的责任。当今天下，只有一个国家实力未损，和秦国的关系也比较紧张，是樊於期可以投靠的国家，那就是燕国。可是他却不知道，秦国统一天下的步伐，不是一个边陲之国或者是一个绝世名将可以阻挡的。

秦王政听闻了这个消息，震怒不已，将樊於期的三族全部诛杀，同时还通告天下，谁能够献上樊於期的人头，秦王必定会赏赐其千金，封万户侯。樊於期最终没有逃脱死于非命的命运，为了成就荆轲名动天下的刺杀，毫不犹豫地献上了自己的头颅，让荆轲拿去做了觐见秦王的见面礼。

赵军通过这一次大胜，对秦军造成了沉重的打击，赵国也得到了暂时的喘息之机。甚至连赵王也认为，赵国只要有李牧在，秦国就休想灭掉赵国。于是，赵王给予了李牧超然的地位，封其为武安君。

在赵王眼中李牧已然成了赵国的白起，普天之下，只有李牧才能够与秦军一较高下。

从这次战役中，李牧首先对整个战局和秦军的动向意图洞若观火，首先便采取坚守不出，待秦军疲敝，再乘胜追击的策略。秦军想用一计策诱敌出城，李牧便将计就计，给秦军来了一个围点打援，秦军大破。赵军李牧的声名，在这之中也达到了鼎盛。

樊於期走了，但是秦国还有王翦、蒙恬等一大批优秀将领。

秦王政统一天下的进程，也不会因为一场战役的成败，受到影响。

公元前232年，秦王政再派遣数十万大军进攻赵国，此次秦军分了两路。其中一路大军从由邺（今河北临漳西南）出发，向北进发。秦军的战略意图很明显，只要能够渡过漳水，就能够迅速地奔袭赵国的都城邯郸。

为了保证此次战争的胜利，秦王政还亲自率领秦军主力由上党的井陉（今河北井陉西北）出发，企图从邯郸的北部进击赵国。只要秦军到达邯郸北部，便能够将赵国一分为二，首尾不能相顾，如此则赵国危矣。

李牧深刻地认识到了这一点，所以在秦军进攻进到番吾（今河北平山南）之时，李牧便率大军对其进行顽强阻击。秦军攻击邯郸南部，也因为漳水和长城的阻隔，而举步维艰。

李牧见状，当机立断地改变了赵军全面阻击的战略，南面的赵军主要负责守卫，而北方的赵军则在恰当时机内进击秦军。如此，便能够集中优势兵力，各个歼灭敌人。于是，赵军大将司马尚奉李牧之命，在邯郸南部据守长城，让秦军不得进入。另一边，李牧亲自率领赵军向邯郸北方进击。不出数日，赵军便在番吾和秦军遭遇，李牧亲自督军，对秦军发起了猛攻。秦军不得寸进，遂心生慌乱，赵军士气更加旺盛，很快便击溃了秦军。李牧也不追击，而是迅速挥师南下与司马尚大军合兵一处。

秦国南部大军很快获悉了北方大军的溃败，更听闻赵军李牧大军已经到达。于是，象征性地和赵军开战一番之后，发现实力虽未损但却难以取胜，只能班师回去。李牧通过自己高超的指挥艺术，再一次击败了不可一世的秦军。

但是赵军虽然一再取得与秦军交战的胜利，却是杀敌一千自损八百，此时的赵国已经与长平之战以前的赵国不可同日而语。秦国已经更加强大，即使三番四次大战下来，接连损兵折将，但却并没有损耗元气。

反观赵国，其军事实力则丧失殆尽，即使秦军败退，赵军要想追击，也是有心无力。因此，原本会歼灭秦军的战役，变成了只能击溃秦军的结局。李牧也深刻地明白赵国的危机，为今之计，只能退守邯郸，才能够自保。

然而，让赵王始料未及的是，赵国可谓屋漏偏逢连夜雨，就在国家朝不保夕之时，韩国和魏国却投降了秦国的阵营，并时常受到秦国的差遣，前来攻取赵国。赵王只能再次派遣李牧为将，前往南部抵御韩国和魏国的大军。可是人力有时穷，一个李牧又怎么能够抵挡敌人接连不断的战争呢？更何况，敌人还有比战争更可怕的手段。

公元前 229 年，秦王政再次派遣大将王翦率领秦军主力从井陉南下，同时杨端和则率两河内的秦军，总共数十万大军围困赵国国都邯郸。其实，秦王政之所以选取在这时候出击，正是看准了赵国的虚弱。当此之时，赵国已经是日薄西山，同时赵国的北部边境代地爆发了大地震，引起了赵国境内大面积饥荒。李牧只是在军事上有所建树，但其并不懂为政为民之术，即使他有心改变赵国国力不断衰弱的情景，也是鞭长莫及。此时的李牧，已经成为了赵国军中的主心骨，没有了李牧，赵军打仗就如同无头的苍蝇。赵王也看到了这一点，秦军一入侵，便火速任命李牧为大将军，司马尚依然作为副将，倾尽全国的兵力财力前去抵御秦军。

李牧绝非浪得虚名，在他的指挥下，赵军很快将来犯的秦军击溃。

# 最危险的敌人在身后

这时候,王翦出现了,他并不是对政治一窍不通的武人。一个个事实证明,如果不谙政治,不懂外交,不仅在战争中难以明白大局,国内也会受到某些人的猜忌,从而处处受制。为将者,自然希望自己制人而不愿意受制于人。

当时秦赵之间的战事存在着一个很明显的现实:李牧是秦军最大的敌人,只要这个人存在一天,秦军就很难在战事上有所推进。多年以来,李牧皆未尝一败,这让赵军士气大盛,而秦军则心生畏惧。

于是,王翦和秦王政商议,既然明招无用,那么就只能用阴谋了。

当初尉缭得到李斯的举荐来到秦王跟前,为秦王制定了兼并立国的策略,同时还向秦王陈述了统一山东六国的顺序。尉缭认为,韩国、赵国、魏国、楚国、齐国、燕国中,韩国的实力是最弱小的,也是最容易攻取的。而要想要一统天下,首先要做的就是得到三晋的臣服,只要赵国和魏国一灭,则秦国定鼎天下的大业就算完成了七分。到时候,燕国、楚国和齐国要想有所作为,就是螳臂当车了。

然而,秦王政还是担心,就这样毫无道理地前去攻打赵国会引起局势的紧张,说不定会再次引发一次合纵。当此秦国统一天下的关键时刻,万万不能出现一点差错。

于是,尉缭再次向秦王献计,可以让自己的学生王敖前去赵国,收买前番对廉颇下毒手的郭开,只要这个人能够为秦国所用,可以胜过秦国的十万精锐之师。另外则要大将王翦率领十万雄兵,声言要去攻打魏国,如此,就可以为王敖的外交活动提供坚实的后盾。

秦王同意了尉缭的要求,王敖遂在尉缭的交代下,首先来到了魏国,向魏王大肆挑拨韩、赵、魏三家的关系。并且向魏王陈述当下的形势:韩国早就唯秦国马首是瞻,而赵国也和秦国关系良好,如果秦兵前来攻伐三晋,必定首先攻打魏国,魏国该怎么抵挡呢?

魏王一听,魏国面临的局势如此不利,于是向王敖问计。

王敖建议道,魏国大可以把邺城献给赵国,这样,赵军必定要分兵把守,如此一来,秦国如果去攻击邺城,就不是攻击魏国而是赵国了,赵国就成了魏国的替罪羊。

魏王被王敖三言两语就说动了,于是把邺城的地图和割让邺城的国书给了王敖,并且让他代替魏国前去赵国,说服赵王出兵守备邺城。

王敖到邯郸后，并没有直接前去找赵王，而是找到了郭开。王敖带着秦国丰厚的财富，且出手阔绰，让郭开不得不动心。郭开拿了王敖所带来的三千金，收了三座城池，再从头到尾明白了王敖要他做的事情后，接着马不停蹄地赶到宫殿，向赵王进谏。赵王身边并没有明智贤达之人，所以郭开一开口，这件事情很轻松便办成了。

如此，秦赵两国又重开了战事。

秦军在战场上屡次败于李牧之手。秦国千里跋涉前来远征赵国，自然不会甘心就这样白白地撤兵，也不可能和赵军长期对峙，所以最好的方法是给赵军来一个釜底抽薪。这时候，郭开又被秦国重用了一次。

当然，要成功实行这个反间计，首先要给予郭开重金，同时也让他感觉到自己没有了后顾之忧，如此，他才会毫不保留地、全心全意地帮助秦国。

一切按照计划进行，秦军王翦到了前线，没有发动一次攻击就派遣了一名使者前去同赵军讲和。李牧哪里知道，在此之前，王敖已经奉秦王和尉缭的命令，来到了秦国军队的大营，要求他们和赵军讲和；不久之后，王敖又去了赵国邯郸贿赂郭开，让他向赵王说当前李牧和秦军王翦对峙，之所以这么久的时间还没有发动攻击，是因为李牧得到了秦国的无上好处，只要邯郸一破，秦王就可以封李牧高官。

而另一边的李牧，在不明就里的情况下便回到了邯郸，向赵王报告了秦军求和的情况。赵王尚搞不清秦国的意图，一时之间也没有答应李牧。然而，李牧前脚刚刚走出宫殿，郭开后脚便进来向大王报告了李牧受贿，欲要谋害赵国的消息。

赵王大惊失色，这李牧也太大胆了些，竟然只告诉自己秦军要和赵军讲和，而他擅自主张对赵王封官以及自己得好处的事情，却是只字未提。

于是，赵王决定派遣使者前去探个究竟，这使者也害怕进入赵军大营，一个不慎就被李牧杀了。再一看，秦国使者竟然大张旗鼓地进出赵营，看来所言非虚。于是，这个使者将情况如实报告了赵王。

郭开遂向赵王建议，以相国的位子为诱饵，召李牧回来，同时用赵葱代替李牧，切不可让秦军和李牧达成共识，占了先机。

此时的赵王已经是六神无主了，郭开是自己的亲信，又说得头头是道，所以对于郭开的建议，赵王皆毫不犹豫地采纳。赵王马上委派宗室赵葱和齐人投奔过来的颜聚去取代李牧和司马尚。"将在外，君命有所不受"，如此关键时刻，换将势必会有损士气。长平一战血的教训还历历在目，为将者要面对千变万化的战场形势，最重要的就是独立的行事权力。为了赵国的江山和百姓，李牧只能暂时不接受赵王的调令。

其实李牧也知道当初的廉颇是何等结局，当初的乐毅是何等的悲凉。赵国名将辈出，英雄遍地，奈何奸人当道贤人危，赵王又昏聩无能，自己一个人又怎么能够改变这种现状呢？也许这一次，自己不但难以保全邯郸，甚至连自己的性命也不能够保全。

赵王见李牧不为自己的调令所动,就和郭开商议暗中布下全套,将李牧捕获并斩杀了他。司马尚也受到了牵连,被赵王弃而不用。如此生死存亡的危急关头,赵国斩杀大将,实为国家不幸。奸臣当道,主上昏庸,是自取灭亡。

就在李牧被杀的三个月之后,赵军便在王翦的猛攻下大败,东阳地区(约今河北邢台地区)被秦军占领,主将赵葱战死沙场,副将颜聚则逃亡邯郸。公元前227年,邯郸被秦军攻克,诸侯不能救,赵王和颜聚都被俘虏。

但此时赵国并没有彻底灭亡,公子嘉有幸逃往代地(今河北蔚县东北)称王。然而,代地十分弱小,公子嘉又没有什么作为,根本无法阻挡秦军一统天下的步伐。在秦军的攻击下,代很快便灭亡了,从此赵国从名义上和实际上都消失了。这一年,是秦王政二十五年(公元前222年),距离秦国一统天下,诛灭六国还剩下一年的时间。

一代大将李牧就这么死了,和他生前战死沙场的愿望差得太远,赵国用人不信,自毁长城,从而加速了自身的败亡。

当然,历史记载可能在李牧致死的具体原因上有所差别。《战国策·秦策四》中说,秦谋士顿弱北游燕国,赵国杀李牧;《战国策·秦策五》则说,赵国的另一位奸臣韩仓受到了秦国的贿赂,最终成为了谋害李牧的真凶;《列女传》中则提到,赵王的母后和赵平都侯春平君相通,受到了秦国的贿赂而让赵王杀害了李牧;还有一种说法,从司马迁而来,认为赵王的母后是个歌女,因为受宠遂使其子偃越成为太子,公子嘉则被废除了太子之位。公子迁（赵王）昏庸，品行恶劣，重用奸臣，打压贤达，最终杀害了李牧。

无论如何，可以看出，李牧是秦国统一大道上的绊脚石，秦国不除不快；同时赵国内部已经严重腐化，成了一个扶不起的阿斗。李牧能够在敌强我弱的情况下，屡屡取胜，不愧为战国名将之一。此外，李牧前期对匈奴作战时，更是取得了辉煌的胜利。

而另一边，奸臣郭开在赵国灭亡了之后去到秦国。他也有自知之明，认为以秦王政雄才大略，他这种宵小之辈定不会得到重用，于是主动告假回家。

郭开回到了家中，取出了暗藏的无数黄金，装上了十几辆大车，一路喜气洋洋地前往秦国。岂料就在半路上，杀出了一股盗匪，被杀人越货。

也许是秦王的有意安排，也许是李牧的旧部所为，可是一切都不重要了，奸臣郭开得到了他应该得到的结果。